U1012159

"十三五"高等职业院校财经专业智能型教材

模拟企业经营教程

毛政珍　李添瑜　主编

中国财经出版传媒集团
中国财政经济出版社

图书在版编目（CIP）数据

模拟企业经营教程/毛政珍，李添瑜主编．—北京：中国财政经济出版社，2019.2（2022.7重印）
“十三五”高等职业院校财经专业智能型教材
ISBN 978－7－5095－8043－1

Ⅰ．①模…　Ⅱ．①毛…②李…　Ⅲ．①企业管理－计算机管理系统－高等职业教育－教材　Ⅳ．①F270.7

中国版本图书馆CIP数据核字（2018）第022675号

责任编辑：樊　闽　　　　　　责任校对：黄亚青
封面设计：孙俪铭

中国财政经济出版社 出版
URL：http：//www.cfeph.cn
E－mail：cfeph@cfeph.cn

社址：北京市海淀区阜成路甲28号　邮政编码：100142
营销中心电话：88191537
北京中兴印刷有限公司印刷　各地新华书店经销
787×1092毫米　16开　8.75印张　209 000字
2019年2月第1版　2022年7月北京第6次印刷
定价：36.00元
ISBN 978－7－5095－8043－1
（图书出现印装问题，本社负责调换）
本社质量投诉电话：010－88190744
打击盗版举报热线：010－88191661　QQ：2242791300

前　言

模拟企业经营是针对先进的现代企业经营与管理技术——企业资源计划系统（ERP）设计的角色体验实验平台。作为一种体验式的教学方式，是继传统教学及案例教学之后的一种教学创新。借助模拟企业经营，可以强化学员的管理知识、训练管理技能、全面提高学员的综合素质。沙盘模拟教学融理论与实践于一体、集角色扮演与岗位体验于一身，可以使学员在参与、体验中完成从知识到技能的转化。

广大高校为使学生全面认识企业经营管理、提高学生实践技能及综合素质，纷纷开设了模拟企业经营课程。为此，编者本着工学结合的思想，结合高职高专的教学特点，借助于编者多年对该课程的教学经验及多次指导学生全国比赛的经验，编写了这本适合高职高专工商管理类教学和比赛需要的教材。

本教材具有以下特点：

（1）注重教学需要的同时兼顾比赛需求。本课程融实用性、趣味性、对抗性于一体，学生参加热情非常高，有相关部门组织和学生自发组织的、与该课程有关的比赛非常多，所以，本书在编写过程中会兼顾比赛需求，介绍相关的比赛技巧及经验。

（2）仿真教学，“零距离”培养人才。教材在编写过程中尽量模拟真实的企业经营管理环境，真实与模拟交融，实现“零距离”培养人才的目标。

（3）强调学生主动学习。本课程的特点就是要求学生时时处处主动思考以谋划，主动出击以致胜，在教材编写过程中，主导以“老师只负责引导，学生才是学习的主角”的思想。

（4）体现“学以致用”的思想。本教材在编写过程中，编者会把多年真实的企业管理经验融入进来，真实与模拟交融，以达学以致用的目的。

（5）本书简洁、精练、好读、易记，便于理解，务求经营操作体系全面、完整、准确。及时更新相关内容，使本书实用、系统，利于学生循序渐进地学习，具有很强的实用性。

(6) 本书是结合用友模拟企业经营手工沙盘软件与用友模拟企业经营创业者电子沙盘软件而编写的。

为了更好地满足实训课程的需要，编者参考了大量的相关文献及教材，征求了同行及企业专家的意见，在此，向所有被引用文献的著作者、向给予我们指导和帮助的专家学者表示诚挚的谢意。

本书由湖南商务职业技术学院毛政珍、李添瑜主编，柳志主审。由于编者水平有限，书中缺陷和疏漏在所难免，恳请专家、读者批评指正，以便修订时改进。如读者在使用本书过程中有任何意见或建议，恳请及时反馈给编者（编者邮箱：emaochina@ qq. com）。

编　者

2018 年 2 月

目　录

第一篇　基础篇

情景导入

你想成为一个叱咤风云的公司高管吗？你想运筹帷幄，决战商场吗？当然想，只是，哪个公司会给你这个机会呢？

肯定没有？错！今天我们就给你这个机会，你将成为这个市场的精英，将主宰着公司的未来。来吧，游戏开始……

本篇提要

千里之行，始于足下。本篇为开门之篇，主要讲述下列内容：

第一章　模拟企业经营概述：带你揭开模拟企业经营的神秘面纱；

第二章　模拟企业经营与企业管理：让你了解模拟与真实之间的距离，其实它们相隔那么近。

学习目标

知识目标：认知模拟企业经营，了解企业管理过程；

技能目标：熟悉模拟企业经营道具，掌握模拟企业经营理念。

教学建议

课时安排：第一章 1 课时，第二章 1 课时；第二章自学为主。

第一章

模拟企业经营概论

第一节　模拟企业经营概述

一、模拟企业经营概念的认知

（一）诠释模拟企业经营

模拟企业经营是指建立在信息技术基础之上，以系统化的管理思想，为企业决策层及员工提供决策运行手段的管理平台。模拟企业经营系统集中信息技术与先进的管理思想于一身，成为现代企业的运行模式，反映时代对企业合理调配资源，最大化地创造社会财富的要求，成为企业在信息时代生存、发展的基石。任何一个企业或组织，其资源（资金、厂房设备、物料、人员、信息）都是有限的。因此，模拟企业经营就是要想方设法，合理利用资源，降低成本，使企业实现利润最大化。

（二）诠释沙盘

所谓的沙盘，最初源于军事上的指挥盘，各级指挥官，在指挥所的某一盘面上指挥军事行动。军事沙盘模拟推演通过红、蓝两军在战场上的对抗与较量，发现双方战略战术上存在的问题，提高指挥员的作战能力。因此，这种沙盘是将一个现实的、不可能实际演练操作的实体，又必须从中提前获得相关信息资料，而浓缩在一个模拟盘面上，从而满足各方面需求的一种工具。

（三）模拟企业经营

模拟企业经营借助沙盘的模拟进行模拟企业演练，源自军事上的沙盘模拟推演。英、美知名商学院和管理咨询机构很快意识到这种方法同样适合于企业对中、高层经理的培养和锻炼，随即对军事沙盘模拟推演进行广泛的借鉴与研究，最终开发出了企业沙盘实战模拟培训这一新型现代培训模式。在这个模拟企业，它集合了真实企业里的所有关键环节：企业最高层战略规划、营销策划与产品销售、产品开发、产品生产、设备改造与投资、物资采购、资金筹集与财务管理等。

第二节 模拟企业经营实训

一、模拟企业经营实训介绍

它是以一套（若干组，每组成员 5～7 人不等）模拟企业经营软件工具为载体，通过这个载体，让学生在学校学习阶段能够体验真实企业的经营。它将一个企业“搬到”学校课堂中，让每个学生都能充当“企业管理者”，真正动手操作。因此它是一种实践与理论全面结合的新模式，它弥补了传统教学纯理论教学模式。目前，模拟企业经营培训已风靡全球，成为世界500强企业中高层管理人员经营管理能力培训的首选课程。北大、清华、浙大、人大、上海交大等多所高等院校相继将系列沙盘模拟培训课程纳入其 MBA、EMBA 及中高层经理在职培训的教学之中。

二、模拟企业经营实训的作用

模拟企业经营实训特有的互动性、趣味性、竞争性特点，能够最大限度的调动学员的学习兴趣，使学员在培训中处于高度兴奋状态，充分运用听、说、学、做、改等一系列学习手段，开启一切可以调动的感官功能，对所学内容形成深度记忆，并能够将学到的管理思路和方法在实际工作中很快实践与运用。在沙盘模拟培训中学员得到的不再是空洞乏味的概念、理论，而是极其宝贵的实践经验和深层次的领会与感悟。

（一）学员在模拟企业中直接参与各项管理工作

传统的培养学员管理能力，是让学员到企业去亲自体验生产经营的全过程。在企业相关部门实训过程中，同学们也有机会从最基础的事务做起，将课堂上学到的理论知识与实际接触的具体事务处理有机融合。通过实训，学员可以了解企业的业务流程，清楚的看到企业生产组织的各个环节都在做什么？如何来做？这将为未来实际工作岗位奠定了良好的基础。相反，在实际中，学员在企业实训基本没有直接参与工作的机会。即使有机会，一则企业多实行岗位制流程作业，实训学员练得再好，也只是做最基础的工作。只看到点，无法了解面。而模拟企业经营恰恰解决了这些难题。在模拟企业经营企业里，提供了实际企业里几个最为关键的部门及职位：CEO、财务主管、营销主管、生产主管、采购主管和间谍等职位。

（二）体验式的互动式教学，提高学员学习兴趣

模拟企业经营实训不同于一般的以理论课程或理论与案例的课程，它类似于游戏，并不等同于游戏。在模拟企业经营上展示了企业最高层战略规划、营销策划与产品销售、产品开发、产品生产、设备改造与投资、物质采购、资金筹集与财务管理、团队沟通与建设等多方面。每个学员都能在游戏的过程中直接参与模拟的企业运作，体验经管类专业各科目理论。

1. “游戏”式人才培养模式

模拟企业经营实训过程中，每位学员都充当某一角色，类似于游戏，每位学员都能积极参与，不再是传统理论教学或案例教学中以老师讲为主，学员听为辅；而是以学员操作为主，教师指导为辅。这种教学方式使学员在实训过程中，不容易感觉枯燥和厌烦，短短几天中会遇到企业经营中经常出现的各种问题，学员们能够主动地以企业管理者的身份去共同分析问题，制定决策，组织实施。因此，模拟企业经营教学可以极大地激发学员学习的积极性兴趣，激发学习的潜能。

2. “真枪实战”式人才培养模式

模拟企业经营课程会将真实的企业浓缩到实训室，形象逼真，使学员们身临其境，各个企业各成员真正感受到市场竞争的激烈残酷，优胜劣态法则让学员亲身得以体验。短短几天的训练，学员就可以在模拟中完成真实企业 6－8 年运作目标。最终，有些企业生存发展壮大，有些企业破产。而学员在成功与失败的体验中，逐渐学到了管理知识与管理技巧，强化了理论与实践的结合。

（三）全面提升学员的综合素质

1. 专业知识的融会贯通

由于模拟企业经营类似于真实企业，学员在运作过程中会涉及经济管理专业的所有相关知识；不再是传统教学，只简单的针对于某一科目学习。因此，在这短短几天中，学员要学会如何将所有相关理论知识运用到沙盘上。这也在一定程度上，可以培养学员的归纳能力及知识的综合运用能力。

2. 企业团队合作精神

在这个模拟企业里，学员将通过管理与运作企业，深刻了解到团结友好的合作氛围是企业成功的润滑剂。在企业里，每个人都有自己担任的角色，每一部分都是企业的重要组成部分，各自起着不同的作用，缺一不可。只有协调好各部分的相互关系，才可能把他们的作用发挥到最大，为企业出更多的价值。因此，学员们会知道，做为企业的成员，就应各司其责、相互协作配合，才能赢得竞争，实现企业目标。

3. 企业诚实守信精神

在模拟企业经营操作过程中，由于毕竟是一个模拟环境，因此，在这里，每个企业的每个成员（学员）要学会诚实守信，按规则办事，才是企业发展的正确之道与立足之本。如果违规，不按规则要求操作，那么实训的意义随之失去。从而也无法体验真实企业的守法经营的要求。所以说，在这里，学员们将学到诚实守信精神。

4. 树立创新理念

真实企业要持续发展，就必须创新。同样在模拟企业中，各企业要想保持不败之地，也必须创新。企业在竞争过程中，不能一味的墨守成规，决策者应根据市场的发展变化，作出相应的反应和对策，只有这样，才能领先与别人，走在别人的前面。

5. 企业与企业间的合作共赢

在激烈的市场竞争下，为了使企业持续的发展，只凭借自身企业的优势，还远远不够，为谋求更大的利益，创造更多的发展机遇，学员在操作过程中，逐渐会发现必须寻求新出路，这种新出路就是企业与企业间的共同合作，实现企业间资源的相关利用或帮助。从而达到合作共赢，持续发展的目的。

第三节　模拟企业经营实训工具

模拟企业经营教学以一套沙盘教具为载体。沙盘教具主要包括若干张沙盘盘面，分别代表若干个相互竞争的模拟企业；其他的配套教具：货币、各种原材料、生产设备、产品标识、市场标识、ISO 标识、生产设备标识、模拟企业经营软件等。图 1－1 是沙盘盘面的全图。

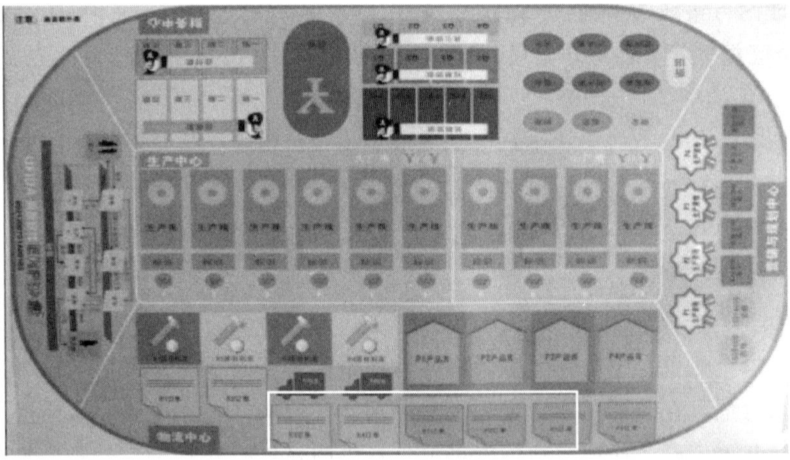

图 1－1　沙盘盘面全图

沙盘盘面按照制造企业的职能部门划分为四个职能中心，分别是营销与规划中心、生产中心、物流中心和财务中心。各职能中心覆盖了企业运营的所有关键环节：战略规划、市场营销、生产组织、采购管理、库存管理、财务管理等，是一个制造企业的缩影。

（一）营销与规划中心

在盘面上，营销与规划中心主要包括三个区域：市场开拓规划区域、产品研发规划区域和 ISO 认证规划区域，见图 1－2。

图 1－2　营销与规划中心

1. 市场开拓规划区域

该区域确定企业需要开发哪些市场。选择开拓的市场有本地市场、区域市场、国内市场、亚洲市场和国际市场。

2. 产品研发规划区域

该区域确定企业需要研发哪些产品。可供选择开发的有 P1 产品、P2 产品、P3 产品和 P4 产品。

3. ISO 认证规划区域

确定企业需要争取获得哪些国际认证，包括 ISO9000 质量认证和 ISO14000 环境认证。企业只有取得相应的资格认证，才能进入相应的市场、获得相应的产品生产资格。

ISO 知识链接

ISO 是一个组织的英语简称。其全称是 International Organization for Standardization，翻译成中文是“国际标准化组织”。

ISO 是世界上最大的国际标准化组织。它成立于 1947 年 2 月 23 日，它的前身是 1928 年成立的“国际标准化协会国际联合会”（简称 ISA）。其他如 IEC 也比较大。IEC 即“国际电工委员会”，1906 年在英国伦敦成立，是世界上最早的国际标准化组织。IEC 主要负责电工、电子领域的标准化活动。而 ISO 负责除电工、电子领域之外的所有其他领域的标准化活动。

ISO 宣称它的宗旨是“在世界上促进标准化及其相关活动的发展，以便于商品和服务的国际交换，在智力、科学、技术和经济领域开展合作。”

ISO 现有 117 个成员，包括 117 个国家和地区。ISO 的最高权力机构是每年一次的“全体大会”，其日常办事机构是中央秘书处，设在瑞士的日内瓦。中央秘书处现有 170 名职员，由秘书长领导。

ISO9000 不是指一个标准，而是一族标准的统称。“ISO9000 族标准”指由 ISO/

TC176 制定的所有国际标准。什么叫 TC176 呢？TC176 即 ISO 中第 176 个技术委员会，全称是“质量保证技术委员会”，1987 年更名为“质量管理和质量保证技术委员会”。TC176 专门负责制定质量管理和质量保证技术的标准。

ISO/TC176 早在 1990 年第九届年会上提出的《20 世纪 90 年代国际质量标准的实施策略》中，即确定了一个宏伟的目标：“要让全世界都接受和使用 ISO9000 族标准，为提高组织的运作能力提供有效的方法；增进国际贸易，促进全球的繁荣和发展；使任何机构和个人，可以有信心从世界各地得到任何期望的产品，以及将自己的产品顺利销往世界各地。”

为此，ISO/TC176 决定按上述目标，对 1987 版的 ISO9000 族标准分两个阶段进行修改：第一阶段在 1994 年完成，第二阶段在 2000 年完成。

1994 版 ISO9000 标准已被采用多年，其中如下三个质量保证标准之一通常被用来作为外部认证之用：

1. ISO9001：1994《质量体系设计、开发、生产、安装和服务的质量保证模式》，用于自身具有产品开发、设计功能的组织；

2. ISO9002：1994《质量体系生产、安装和服务的质量保证模式》，用于自身不具有产品开发、设计功能的组织；

3. ISO9003：1994《质量体系最终检验和试验的质量保证模式》，用于对质量保证能力要求相对较低的组织。

注：ISO9001：1994 标准将质量体系划分为 20 个要素（即标准中的“质量体系要求”）来进行描述，ISO9002 标准比 ISO9001 标准少一个“设计控制”要素。

2000 年 12 月 15 日，2000 版的 ISO9000 族标准正式发布实施，2000 版 ISO9000 族国际标准的核心标准共有四个：

1. ISO9000：2000 质量管理体系——基础和术语；

2. ISO9001：2000 质量管理体系——要求；

3. ISO9004：2000 质量管理体系——业绩改进指南；

4. ISO19011：2000 质量和环境管理体系审核指南。

上述标准中的 ISO9001：2000《质量管理体系——要求》通常用于企业建立质量管理体系并申请认证之用。它主要通过对申请认证组织的质量管理体系提出各项要求来规范组织的质量管理体系。主要分为五大模块的要求，这五大模块分别是：质量管理体系、管理职责、资源管理、产品实现、测量分析和改进。其中每个模块中又分有许多分条款。随着 2000 版标准的颁布，世界各国的企业纷纷开始采用新版的 ISO9001：2000 标准申请认证。国际标准化组织鼓励各行各业的组织采用 ISO9001：2000 标准来规范组织的质量管理，并通过外部认证来达到增强客户信心和减少贸易壁垒的作用。

ISO9001：2008：第 32 届 ISO/TC176/SC2 全会于 2007 年 6 月 11 日至 15 日在芬兰赫尔辛基会展中心举行，会议上，SC2/WG18 下设的 TG1.19（负责 9001 的修正工作）、TG1.20（负责 9004 的修订工作）、TG1.21（负责 9001、9004 修订过程的评审与确认）

和 TG1. 22（负责沟通与支持）均召开了会议，负责修正 ISO9001 标准的 TG1. 19 工作组的 40 余名专家分为 3 个小组，针对来自各成员国有关新版 ISO/CD9001 标准的意见按照设计规范规定的含义明确无歧义、与 ISO14001：2004 兼容的原则进行了逐条评议，确定全部接受、部分接受、不接受，或提供几种可供选择的方案，在全组会议上进行最终表决。本次会议决定，自 2007 年 6 月第 32 届 SC2 会议后，新版 ISO9001 标准将进入 DIS 阶段。2008 年 5 月进入 FDIS 阶段，于 2008 年 10 月正式发 ISO9001：2008 标准。

ISO14000 系列国际标准是国际标准化组织（ISO）于 1996 年继 ISO9000 族标准之后，在管理标准领域的又一薪新尝试。该标准已经在全球获得了普遍的认同，ISO14000 系列标准突出了“全面管理、预防污染、持续改进”的思想，其中的核心标准 ISO14001 环境管理体系标准，更是在世界各国开始了如火如荼的认证推广过程。目前，全世界已经有 11000 余家公司或企业获得了 ISO14001 标准认证证书，我国也有 100 余家企业获得了证书。

随着环境保护立法的日益严峻以及消费者环境意识的逐渐兴起，为了获得更好的经营环境，任何企业的管理者都会试图避免企业发生由于违反了环境保护法律法规和有关标准，而支付罚款和更多排污费的情况，企业也必须去适应市场的绿色潮流。在这种情况下，优秀的企业管理者不会仅仅满足于“事后管理”的旧有模式，而会选择积极主动的措施来改进企业的经营管理。

ISO14000 环境管理认证被称为国际市场认可的“绿色护照”，准通过认证，无疑就获得了“国际通行证”。许多国家，尤其是发达国家纷纷宣布，没有环境管理认证的商品，将在进口时受到数量和价格上的限制。如，欧洲国家宣布，电脑产品必须具有“绿色护照”方可入境，美国能源部规定，政府采购只有取得认证厂家才有资格投标。

（二）物流中心

在盘面上物流中心主要体现为原材料订单、在途原材料、原材料库、产成品库和产品订单五个区域，见图 1－3。

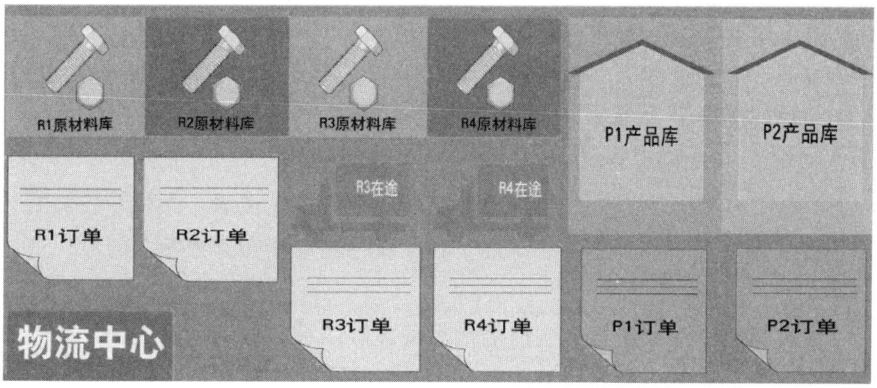

图 1－3　物流中心

1. 原材料订单区域

代表与供应商签订的订货合同，订货数量用放在原材料订单处的空桶数量表示。原材料订单按 R1、R2、R3 和 R4 品种分别列示。

2. 在途原材料区域

R1、R2 原材料的采购提前期为一个季度；R3、R4 原材料的采购提前期为两个季度，这就导致 R3、R4 原材料有一个季度为在途原材料，在“在途原材料”区域列示。

3. 原材料库区域

分别按照原材料品种列示，用于存放 R1、R2、R3、R4 原材料，每个价值为 1M。

4. 产成品库区域

分别按照产品品种列示，用于存放 P1、P2、P3、P4 产成品。

5. 产品订单区域

分别按照 P1、P2、P3、P4 产品的品种列示，用于放置企业取得的产品订单。

（三）生产中心

在盘面上，生产中心主要由厂房、生产线、产品标识和价值区构成，见图 1－4。

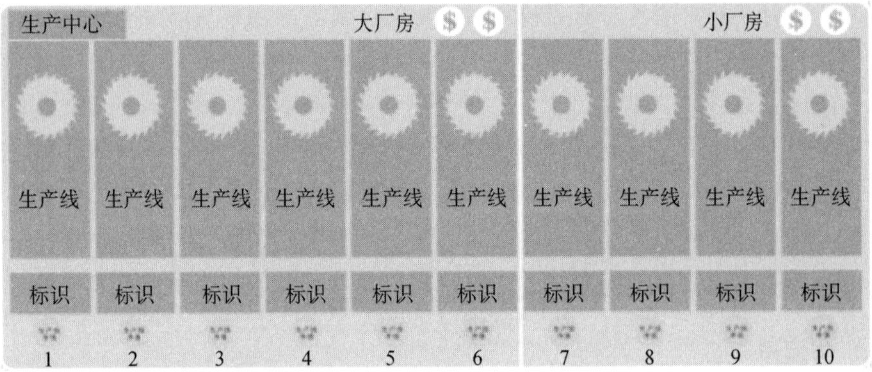

图 1－4 生产中心

1. 厂房（土地和建筑）

沙盘盘面上设计了大、小两种厂房，大厂房内可以安装 6 条生产线；小厂房内可以安装 4 条生产线，厂房的上方为其价值区，以“＄”表示，若厂房为企业所有，将厂房相应的价值放置在价值区上。

2. 生产线

生产线的种类有手工生产线、半自动生产线、全自动生产线、柔性生产线，不同生产线生产效率及灵活性不同，企业拥有哪种生产线就将其放置在哪种相应的标识上。

3. 产品标识

企业可供选择的生产或研发后生产的产品种类有四种，分别为 P1、P2、P3、P4 产品，企业的生产线生产哪种产品，就将其产品标识放置在相对应的生产线的下方。

4. 价值区

产品标识的下方，代表的是生产线的价值区，将企业拥有的生产线价值放置在其对应的产品标识下方的价值区处。

（四）财务中心

在盘面上，财务中心涵盖的内容更为广泛，这里将其分为四个大的区域：费用区域、贷款区域、现金区域、应收应付款项区域，见图 1－5。

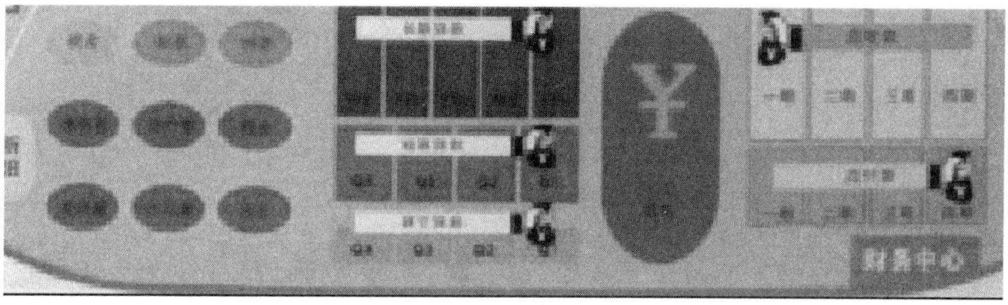

图 1－5 财务中心

1. 费用区域

费用区域主要包括折旧、税费、贴息、利息、维修费、转产费、租金、管理费、广告费和其他企业经营期间发生的各项费用。当企业发生上述费用时，财务主管将同等费用金额的钱币放置在相对应的费用名称处。

2. 贷款区域

贷款区域用于体现企业的贷款情况，主要包括长期贷款、短期贷款和其他贷款（高利贷）。企业短期贷款的金额是 10M（百万元，下同）的整数倍，企业长期贷款的金额是 20M 的整数倍。企业发生贷款时，按照贷款的性质，将贷款的空桶放置在相应的位置上。长期贷款按年分期，最长为 5 年；短期贷款和其他贷款按季度分期，为 4 期。

3. 现金区域

现金区域用于存放现金，现金用灰币表示，每个价值 1M。

4. 应收应付款项区域

应收应付款项区域用于列示企业的应收、应付款项。其中，应收区域按照季度分为 4 个账期，离现金库最近的为即将收回的款项。账款金额用放置在相应位置上的装有现金的桶表示。

第二章

模拟企业经营与企业管理

企业的目标就是在有限的资源情况下，追求最大的产出。从外延上看，是追求利润，本质是资源的合理利用。企业模拟经营沙盘实训就是通过对抗的方式来进行的相关培训。企业模拟经营沙盘对抗融角色扮演、案例分析和专家诊断于一体，最大的特点是在参与中学习，学员的学习过程接近企业现状，在短短几天的训练中，会遇到企业经营中经常出现的各种典型问题。

第一节 仿真企业管理过程

一、思想仿真

模拟企业经营练习强调的是管理情景与条件的模拟、与业务过程的重复模仿，让学习者在模仿过程中领会和掌握管理业务过程和决策过程的知识。主要思想包括：

（一）业务过程构建

企业是一个复杂的社会经济系统，具有多个部门的组织架构、烦琐交织的业务流程、层层相关的职责和职务。很显然，要将所有这些方方面面都模仿出来是不可能的。企业管理模拟需要的是将主要的业务运作流程、主要组织结构框架和主要人员的职责表现出来，包括资金运转过程、物资采购过程、生产计划过程、销售过程、市场营销过程，以及伴随的信息处理过程。解决企业系统是由哪些主要过程组成的，每个过程的输入输出功能，以及过程之间输入输出的关系，将企业经营管理过程中资金、物质、信息的流转过程、处理过程表现出来，通过对这些过程的模拟来体现企业经营管理过程。

（二）角色扮演

企业的每个部门都有自己的职能，需要该部门相关人员的职责来实现。企业管理模拟让学习者扮演企业部门的某一个职位（角色），按照该职位的职责要求，学习者通过扮演角色体会企业各个部门、人员之间的关系和运转过程，体验企业管理决策过程，掌握企业经营管理的知识，提高经营管理能力。

（三）市场环境仿真

在市场经济环境下，市场的地位和作用毋庸置疑。企业都是在市场竞争的环境下生存和发展的。要完成企业管理，必须要模拟市场的支撑。模拟的市场环境需要：

1. 实现竞争，让学习者在竞争的市场环境下运作自己的模拟企业，同时一家模拟企业的经营行为会影响另外的模拟企业，这种博弈关系往往是你盈我亏或者是我盈他亏。

2. 体现产品的生命周期规律，使用市场需求体现产品的不同生命周期，同时产品质量、功能还需要在价格、需求量上有所体现，模拟实际市场产品的竞争态势。

3. 市场营销战略，不同的市场营销战略会得到不同的市场地位，市场营销战略体现在目标市场的定位、市场推广方案，以及对应的市场竞争地位和经营成果。企业管理模拟需要能实现这些要求。

（四）竞争决策

企业管理模拟的精髓就是经营过程中决策的多样性选择以及对应的经营成果。学习者在生产战略、产品开发方案、目标市场定位、市场营销推广和财务战略上采用不同的方案，可以组合形成多种决策方案，产生完全不同的经营绩效。学习者通过对这些方案和经营绩效的思考，可以体会经营管理决策的微妙，学习到成功企业经营决策的经验，进而提高企业的经营管理能力。

（五）模拟成果评价

不同的经营决策对应的是完全不同的经营绩效。通过分析其原因，可以让学习者不仅知其然，而且知其所以然，达到举一反三的效果。

二、课程设计仿真

基于企业管理模拟沙盘，模拟企业经营、企业管理，模拟课程通过一系列预先设计的课程来实现课程的目的，课程包括的主要内容有：

（一）企业组织结构设计、职能分工与管理流程

学习模拟企业业务流程，领会业务流程的功能和各个业务流程之间的关系；熟悉组织架构和职能要求；依据适用原则，进行成员分工；明确各职能间的协作关系；领会共同协作的工作环境精神；建立外部市场信息与内部管理信息的收集、管理与共享方式，透视上下级和同事之间的沟通方式。

（二）制定组织目标与战略

制定组织战略愿景——明确组织的使命、路径与目标体系；扫描经营环境，进行企业所处行业结构及竞争力分析；评估内部资源与外部环境的匹配程度；平衡长期目标与中短期策略的关系；构造战略，制定组织的战略发展规划；重点关注技术创新与产能战略、市场战略和财务战略。技术创新和产能战略包括产能规模的扩张或紧缩决策、产品组合决策、新产品研发规划决策，以及通过产品和市场配套战略学习如何使研发投入产出最大化的策略。市场战略包括市场定位与产品组合决策、新市场开发规划决策、市场投入扩张或收缩策略、领袖策略和跟随策略的选择、学习收集和使用商业情报等内容。财务战略包括根据需要和资金成本确定最佳融资策略、固定资产投资或清偿决策、成本控制策略、透彻理解主要财务指标的现实指导意义。

（三）经营计划的制订与执行

运用群体决策手段制订模拟公司总体计划，进行计划的分解与细化，包括市场开发计划、资金使用计划、生产设施的投资改造计划、物料采购计划、生产计划、销售计划等；体验预算的实施与管理方法；学习差异的分析及预算的控制与修正。体会进度的均衡性控制、综合成本管理与控制方法。

（四）运行成果的总结分析

分析绩效不良的模拟企业案例，寻找经营失误的原因；分析绩优的模拟公司战略安排和决策特点，认识系统效率产生的来源；学习发挥职能协作精神，探索系统效率改进的路径；“练习企业系统内的高效资源配置，协调融资、采购、生产、销售等职能的能力匹配；在模拟经营过程中体会系统管理与组织效率的关系，运用系统分析方法指导不同部门的经营决策，调整经营策略，提升决策质量；进一步认识各职能间的相互支撑作用，理清不同管理部门管理延伸的方向和逻辑关系，构建管理者系统运筹企业的大思路、大格局。

三、学习效果仿真

企业管理模拟学习内容是帮助学习者更好地领会和掌握企业战略、运行的知识，提高经营管理能力，学习者可以获得：

- 亲身体验企业经营管理的完整流程，包括物流、资金流、信息流以及分工合作、知识管理、技能培训等人力资源管理的重要性。
- 认知企业现金流控制的重要性，了解企业财务管理流程、投融资能力、资产回报率、权益回报率、速动比率等因素对绩效考核的作用。
- 掌握企业在接受订单、原材料采购、生产、库存、销售等物流管理中相互协调，以及产销排程、成本控制、JIT（看板管理）等理论和方法。
- 理解国际化进程、营销战略、需求预测、竞争环境的重要性。找准市场切入点，合理投资。重视信息流对决策的关键作用，深刻剖析竞争对手，出其不意，攻其不备。
- 课程经典展示。将所有参与培训者的实际经营决策行为及相关操作数据进行动态分析，从而令人信服地证实成功的规律和失误的原因。

沙盘企业管理模拟课程综合运用了案例教学、模拟教学和角色扮演等教学方式，将抽象的企业管理过程模型化、可视化，可以极大地调动学生参与的积极性。系统、综合集成企业经营管理知识，给予学习者管理企业的经验和能力，已成为一种有效的学习方式，正被越来越多的学校和企业所采用。

第二节 进行企业管理分析

过程管理是管理中的执行层次，是企业发展策略和计划的具体实施过程，是对企业人、财、物、信息、时间五大要素的管理过程。本章将对企业管理过程中最重要的资金流和物流进行重点介绍，剖析运作流程和主要管理工作。通过本章的学习，可以加深对企业管理运作过程的理解，获得企业实际运行的知识。

一、企业财务管理过程

企业财务管理过程是对企业资金运作的管理，是企业业务活动的价值管理过程。通过企业的财务管理过程，可以保证企业的业务活动最终能够达到企业的基本目的——实现企业的盈利。

（一）财务管理过程概述

企业在生产过程中，劳动者将生产中消耗掉的生产资料的价值转移到产品中去，并创造出新的价值，通过实物商品的出售，使转移价值和新创造的价值得以实现。实物商品不断运动，实物商品的价值形态也不断发生变化，由一种形态转化为另一种形态，周而复始，不断循环，形成了资本运动。资本运动反映了企业再生产过程的价值方面，构成了企业经济活动的一个独立方面。企业资本运动是通过一系列资本活动来实现的。

例如，初始状态下的货币资本需要通过资本筹集活动来取得，企业资本的运用需要通过投资活动来实现，而企业取得的收益则需要通过资本收益分配活动来完成。这种筹资、投资和资本收益分配等资本运动，我们称为企业财务活动。财务管理就是对财务活动所进行的管理，即财务管理过程就是指对资本取得、资本运动和资本收益分配的过程管理。

1. 资本取得

资本取得是企业存在和发展的基本条件，是资本运作活动的起点，也是资本运用的前提。资本取得也称资本筹集，是指企业为了满足投资和用资的需要，筹措和集中资本的过程。无论是新建企业还是经营中的企业，都需要取得一定数量的资本。

企业的发展前提往往伴随着巨大的资本需求，而仅依靠企业自身利润的积累是远远不够的，必须广泛开展筹资活动，筹集企业生产经营发展所需要的资本。应当注意的是，资本的筹集有一个合理的数量界限，筹资不足会影响生产经营活动和投资活动，筹资过剩又会影响资本的使用效益，甚至加重企业的财务负担。

资本需要量的确定要以需定量，量力而行，筹资的规模、时机和结构要适应投资的要求。同时，在确定资本需要量的基础上，要注意控制资本的投放时间，根据产品的生产规模和销售趋势，合理安排不同时期的资本投入量和投入时间，减少不必要的资本占用，这些都需要通过财务管理来实现。

筹资是必然的，而筹资的目的是多样的。有为扩大生产经营规模而筹资的扩充性目的；有为偿还债务而筹集的偿债性目的；有为控制其他企业而筹资的控制性目的；有为优化资本结构而筹资的调整性目的等。为了实现筹资的目的，企业资本筹集必须按照一定的要求进行。总的要求是：研究筹集的影响因素，讲求筹资的综合效益。具体要求是：合理确定资本需要量，控制资本投放的时间；正确选择筹资渠道和筹资方式，努力降低资本成本；分析筹资对企业控制权的影响，保持企业生产经营的独立性；合理安排资本结构，适度运用负债经营。

企业可以从两个方面筹资并形成两种性质的资本：一种是企业权益资本，它通过所有权融资方式取得，如向投资者吸收直接投资、发行股票、企业内部留存收益等；另一种是企业债务资本，它通过负债融资方式取得，如向银行借款、发行债券、应付款项等。企业在取得资本时，应当科学地安排资本结构，适度运用举债经营。举债经营是现代企业经营的一种重要策略，但举债经营需要符合两个基本条件：一是投资收益率应高于资本成本率；二是举债的数量应与企业的资本结构和偿债能力相适应。

2. 资本运用

企业取得资本后，应当将资本有目的性地进行运用，以谋求最大的资本收益。企业资本运用是企业资本运动的中心环节，它不仅对资本筹集提出要求，而且也影响企业资本收益的分配。企业资本运用包括资本投资和资本营运两个方面，前者针对长期资本而言，后者针对短期资本而言。

（1）资本投资。企业资本投资是指企业以盈利为目的的资本性支出，即企业预先投入一定数额的资本，以便获得预期经济收益的财务行为。企业在投资过程中，必须认真安排投资规模，确定投资方向，选择投资方式，确定合理的投资结构，提高投资效益，降低投资风险。

企业资本投资按投资对象可分为项目投资和金融投资。

项目投资，是企业通过购买固定资产、无形资产，直接投资于企业本身生产经营活动的一种投资行为，它是一种对内的直接性投资。项目投资的目的是改善现有的生产经营条件，扩大生产能力，获得更多的经营利润。在项目投资上，财务管理的重点是：在投资项目技术性论证的基础上建立严密的投资程序，运用各种技术分析方法测算投资项目的财务效益，分析投资项目的财务可行性。

金融投资，是企业通过购买股票、基金、债券等金融资产，间接投资于其他企业的一种投资行为，它是一种对外的间接性投资。

（2）资本营运。企业在日常生产经营过程中，会发生一系列经常性的资本收付。企业要采购材料或商品，以便从事生产和销售活动；当企业把产品或商品售出后，可取得收入，收回资本；如果企业现有资本不能满足企业经营的需要，还要采取短期借款方式来筹集营运资本。这些因企业生产经营而引起的财务活动构成了企业的资本营运活动，也是企业财务管理的重要内容。

在资本运用过程中的财务管理的目的是使筹集的资本得到有效和合理的应用，既保证企业资本投资和资本运营正常开展所需要的资本额度，同时尽量避免所筹集的资本被闲置。

3. 资本收益分配

企业应当通过资本运用取得收入，实现资本的保值和增值。资本收益的分配是企业资本运动一次过程的终点，又是下一次资本运动的起点，起着两次资本运动之间的连接作用，是企业资本不断循环周转的重要条件。资本收益分配是多层次的。企业通过投资取得的收入（如销售收入），首先要用以弥补生产经营耗费，缴纳流转税，其余部分为企业的营业利润。营业利润与投资净收益、营业外收支净额等构成企业的利润总额。利润总额首先要按国家规定缴纳所得税，净利润要提取公积金，其余利润作为投资者的收益分配给投资者，或暂时留存企业，或作为投资者的追加投资。

在资本收益分配过程中的财务管理需要处理好留存收益和分配股利等关系，在保证企业可持续发展的同时，兼顾股东、债权人等相关方的利益。

（二）资金筹措

资金是企业生命的血液，是企业开展生产经营活动的基本条件。由于企业资金运动过程中的收支不平衡性，资金临时不足的企业为保证企业生产经营过程不致停止，往往愿意以一定代价获取在一定期间内运用他人资金的权利：而发生资金临时剩余的企业基于利益动机的支配，也不愿自己的资金白白闲置，而希望在不影响自己到期使用的条件下把剩余资金交给他人使用一段时间，并为此索取一定的报酬。企业筹资就是指资金短缺的企业以一定的代价从资金剩余者手中获取资金使用权的过程。

企业筹资的动机有：

（1）扩张性动机，是指企业因扩大生产经营规模或追加对外投资而产生的筹资动机。

（2）临时性动机，是指企业为维持现有规模而筹措临时资金。

（3）偿债性动机，是指企业偿还到期债务或调整债务结构而形成的筹资动机。

企业筹资在企业财务管理乃至企业管理中具有重要的地位：

（1）企业筹资是企业财务管理和企业生产经营活动的起点。创立企业必须筹集一定数额的资本；企业生产经营活动的开展必须以一定的资金作为条件；任何投资项目都必须以一定的资金作保障；企业财务管理首先就是筹集资金，然后才能进行投资、资本营运以及有效地进行收益分配。

（2）企业筹资是企业经营成败的先天条件。企业筹资效率直接影响企业的经营绩效，在一定的投资报酬率的前提下，筹资成本低，企业效益就好，筹资成本高，企业效益就差。过高的筹资成本，企业注定要失败，因为先天不良。

筹资方式，是指企业筹措资金所采用的具体形式，体现着资金的属性。企业筹资管理的重要内容是如何针对客观存在的筹资渠道选择合适的筹资方式进行筹资。正确认识筹资方式的类型及各种筹资方式的属性，有利于企业选择适宜的筹资方式并有效地进行筹资组合，达到降低筹资成本的目的。

目前我国企业筹资方式主要有：吸收直接投资、发行股票、发行债券、银行借款、融资租赁、商业信贷等。

（三）成本核算

成本是企业生产经营过程中所耗费的经济资源。

1. 成本的分类

（1）按经济性质分类。在实务中，为了便于分析和利用，生产经营成本按经济性质划分为以下类别：

- 外购材料，是指耗用的从外部购入的原料及主要材料、辅助材料、包装物、修理用备件、低值易耗品和外购商品等。
- 外购燃料，是指耗用的一切从外部购入的各种燃料。
- 外购动力，是指耗用的从外部购入的各种动力。
- 工资，是指企业应计入生产经营成本的职工工资。
- 提取的职工福利费，是指企业按照工资总额的一定比例提取的职工福利费。
- 折旧费，是指企业提取的固定资产折旧。
- 税金，是指应计入生产经营成本的各项税金，包括印花税、车船使用税等。
- 其他支出，是指不属于以上各要素的耗费，包括租赁费、外部加工费等。

上述生产经营成本的各要素称为“费用要素”。按照费用要素反映的费用称为“要素费用”。

（2）按经济用途分类。在实务中，按照现行财务会计制度规定，生产经营成本分为生产成本、营业费用和管理费用三大类：

- 生产成本，包括4个成本项目：直接材料，是指直接用于产品生产、构成产品实体的原料及主要材料、外购半成品、有助于产品形成的辅助材料以及其他直接材料；直接人工，是指参加产品生产的工人工资以及按生产工人工资总额和规定的比例计算提取的职工福利费；燃料和动力，是指直接用于产品生产的外购和自制的燃料及动力费；制造费用，是指为生产产品和提供劳务所发生的各项间接费用。
- 营业费用，包括营销成本、配送成本和客户服务成本。
- 管理费用，包括研究开发成本、设计成本和行政管理成本。

成本按经济用途的分类反映了企业不同职能的耗费，也叫成本按职能的分类。这种分类有利于成本的计划、控制和考核。

2. 成本核算

成本核算的过程其实就是将平时按经济性质归集的各种费用、按照经济用途再分类的过程。成本核算的基本步骤：

（1）对所发生的成本进行审核，确定哪些成本是属于生产经营成本，并在此基础上区分产品成本和期间成本。

（2）将应计入产品成本的各项成本，区分为应当计入本月的产品成本与应当由其他月份产品负担的成本。

（3）将本月应计入产品成本的生产成本区分为直接成本和间接成本。将直接成本直接计入成本计算对象，将间接成本暂时计入有关的成本中心。

（4）将各成本中心的本月成本依据成本分配基础，按照一定的分配方法分配到最终的成本计算对象。

（5）将既有完工产品又有在产品的产品成本在完工产品和期末在产品之间进行分配，并计算出完工产品总成本和单位成本。

（6）将完工产品成本计入产成品。

（7）将期间费用直接计入本期损益。

（四）现金使用预算

根据企业的需要筹措好资金后，下面就是如何合理使用资金的问题。编制资金使用计划就是将决策提供的目标和选定的方案形成与资金有关的各种计划指标、为保证计划指标完成的具体措施、协调各项计划指标之间的相互关系、编制各项资金使用计划的过程。资金使用计划也是落实企业经营目标和保证措施的重要工具。

限于本书的目的（前面只简要介绍相关知识，重点在后面实践篇）和篇幅，本节将现金和资金简单等同。

而在企业实践中，资金使用计划常常以现金预算的形式表现出来。作为企业全面预算的一个重要部分，现金使用预算是与企业生产预算、销售预算和成本预算等互相联系的。现金预算的内容包括现金收入、现金支出、现金多余或不足的计算，以及不足部分的筹措方案和多余部分的利用方案等。现金预算实际上是其他预算有关现金收支部分的汇总，以及收支差额平衡措施的具体计划。它的编制要以其他各项预算为基础，或者说其他预算在编制时要为现金预算做好数据准备。

下面分别简要介绍各项预算：

1. 销售预算

销售预算，是整个预算的编制起点，其他预算的编制都以销售预算作为基础。销售预算的主要内容是销量、单价和销售收入。销量是根据市场预测或者销售合同并结合企业生产能力确定的。单价是通过价格决策确定的。销售预算中通常还包括预计现金收入的计算，其目的是为编制现金预算提供必要的资料。如一年中的第一季度的现金收入包括两部分，即上年应收账款在本年第一季度收到的货款，以及本季度销售中可能收到的货款部分。

2. 生产预算

生产预算，是在销售预算的基础上编制的，其主要内容有销售量、期初和期末存货、生产量。通常，企业的生产和销售不能做到“同步同量”，需要设置一定的存货，以保证能在发生意外需求时按时供货，并可均衡生产，节省赶工的额外支出。

生产预算在实际编制时是比较复杂的，产量受到生产能力的限制，存货数量受到仓库容量的限制，只能在此范围内来安排存货数量和各期生产量。此外，有的季度可能销量很大，可以用赶工方法增产，为此要多付加班费。如果提前在淡季生产，会增加存货而多付资金利息。因此，要权衡两者得失，选择成本最低的方案。

3. 直接材料预算

直接材料预算，是以生产预算为基础编制的，同时要考虑原材料存货水平。

预计采购量 = （生产需用量 + 期末存量） - 期初存量

为了便于以后编制现金预算，通常要预计材料采购各季度的现金支出。每个季度的现金支出包括偿还到期应付账款和本期应支付的采购货款。

4. 直接人工预算

直接人工预算，也是以生产预算为基础编制的，其主要内容有预计产量、单位产品工时、总工时、每小时人工成本和人工总成本。“预计产量”数据来自生产预算。单位产品人工工时和每小时人工成本数据来自标准成本资料。人工总工时和人工总成本是在直接人工预算中计算得来的。

5. 制造费用预算

制造费用预算，通常分为变动制造费用和固定制造费用两部分。变动制造费用以生产预算为基础来编制。如果有完善的标准成本资料，用单位产品的标准成本与产量相乘，即可得到相应的预算金额。如果没有标准成本资料，就需要逐项预计计划产量需要的各项制造费用。固定制造费用需要逐项进行预计，通常与本期产量无关，按每季度实际需要的支付额预计，然后求出全年数。

6. 产品成本预算

产品成本预算，是生产预算、直接材料预算、直接人工预算、制造费用预算的汇总。其主要内容是产品的单位成本和总成本。产品单位成本的有关数据来自前述三个预算。生产量、期末存货量来自生产预算，销售量来自销售预算。生产成本、存货成本和销货成本等数据根据单位成本和有关数据计算得出。

7. 销售及管理费用预算

销售费用预算，是指为实现销售预算所需支付的费用预算。它以销售预算为基础，分析销售收入、销售利润和销售费用的关系，力求实现销售费用的最有效使用。在安排销售费用时，要利用本量利分析方法，费用的支出应能获取更多的收益。在草拟销售费用预算时，要对过去的销售费用进行分析，考察过去销售费用支出的必要性和效果。

现金预算由四部分组成：现金收入、现金支出、现金多余或不足、资金的筹集和运用，如表 2 - 1 所示。

表 2 - 1　　现金预算

季　度	一	二	三	四	全　年
期初现金余额					
加：销货现金收入					
可供使用现金					
减：各项支出					
直接材料					

续表

季　度	一	二	三	四	全　年
直接人工					
制造费用					
销售及管理费用					
所得税					
购买设备					
股利					
支出合计					
等于：现金多余或不足					
加：向银行借款					
减：还银行借款					
借款利息					
合计					
期末现金余额					

“现金收入”部分包括期初现金余额和预算期现金收入，销货取得的现金收入是其主要来源。“期初现金余额”是在编制预算时预计的。“销货现金收入”的数据来自销售预算，“可供使用现金”是期初余额与本期现金收入之和。

“现金支出”部分包括预算期的各项现金支出。“直接材料”“直接人工”“制造费用”和“销售及管理费用”的数据分别来自有关预算。此外，还包括所得税、购买设备、股利分配等现金支出，有关的数据分别来自另行编制的专门预算。

“现金多余或不足”部分列示现金收入合计与现金支出合计的差额。差额为正，说明收大于支，现金有多余，可用于偿还过去向银行取得的借款，或者用于短期投资；差额为负，说明支大于收，现金不足，要向银行取得新的借款。

借款额 = 最低现金余额 + 现金不足额

现金预算的编制以各项营业预算和资本预算为基础，它反映各预算期的收入款项和支出款项，并作对比说明。其目的在于资金不足时筹措资金，资金多余时及时处理现金余额，并且提供现金收支的控制限额，发挥现金管理的作用。

二、企业直接生产过程

（一）生产过程概述

工业产品的生产过程，是指从投入原材料开始到产出产品为止的全部过程。不同工业中，由于产品结构和工艺特点不同，生产过程的形式也不完全相同。

从制造工业看，基本上可分为两大类：一类是流程式生产过程，原材料由工厂的一端投入生产，经过顺序加工，最后成为成品。这种流程式还可进一步分为综合流程式和分解流程式，前者是集合各种不同的半成品，共同制成一种产品的生产过程，如冶金、纺织、化工、造纸等工厂。另一类是加工装配式生产过程，首先将原材料加工成各种零件，再将各种零件装配成部件，最后集合在一起进行总装配，如汽车、机床和无线电等工厂。

每个生产阶段又可进一步划分为许多相互联系的工序。工序是组成生产过程的基本环节。工序是指一个或几个工人在一个工作地点对同一个（或几个）劳动对象连续进行的生产活动。在生产阶段中，一件或一批相同的劳动对象，顺序地经过许多工作地，这时，在每一个工作地内连续进行的生产活动就是一道工序。

（二）生产计划类型

企业生产计划，是在企业总体经营计划指导下进行的，同时，又是与企业销售计划协调后制订的。生产计划是年度综合计划的重要组成部分，它是决定企业生产经营活动的重要的纲领性计划，很多企业称它为生产大纲。企业生产计划具体规定着企业在计划年度内应生产的主要产品品种、产量、质量、产值和期限等一系列指标。而且，还要充分考虑有效地运用各种资源，提高劳动生产率，降低生产成本，节约流动资金，从而最大限度地提高经济效益。因此，编制好企业生产计划是企业生产活动的纲领性文件，是企业生产管理中一项重要的工作，也是编制好企业物资供应计划、人力资源计划、财务计划等各项计划的重要依据。

生产计划除了要遵循计划工作的一般原则以外，还要考虑自身的特点和要求，必须遵循下列原则：

1. 以销定产、以产促销

以销定产就是企业要按照市场需要来制订计划和组织生产，按期、按质、按量、按品种向市场提供所需的产品或劳务。

2. 合理利用企业的生产能力

企业的生产计划同企业的生产能力要相适应，才能合理地充分利用生产能力。如果确定的生产计划低于生产能力，则造成能力浪费；反之，能力不足，则使生产计划落空。

3. 定性分析和定量分析相结合

确定生产计划指标，既要重视定性分析，也要重视定量分析，把两者正确地结合起来，才能使生产计划指标进行优化。

4. 达到满意的水平

计划的编制过程也就是一个决策的过程，其原则应是达到满意的水平。从系统的观点来看，生产计划是一个有机结合的系统，从而可以把生产计划分成长期生产计划、中期生产计划和短期生产计划。

（1）长期生产计划。长期生产计划是由企业决策部门制订的具有决定性意义的战略性规划。它是根据企业经营发展战略的要求，对有关产品发展方向、生产发展规模、技术发展水平、生产能力水平、新设施的建造和生产组织结构的改革等方面所做出的规划与决策。

（2）中期生产计划。一般情况下，企业的年度生产计划就是企业的中期生产计划，是企业中层管理部门制订的计划。它是根据企业的经营目标、利润计划、销售计划的要求，确定现有条件下在计划年度内实现的生产目标，如品种、产量、质量、产值、利润、交货期等。大致可分为生产计划、总体能力计划和产品产出进度计划等几个部分进行管理。

（3）短期生产计划。短期生产计划是年度生产计划的继续和具体化，是由执行部门制订的作业计划。它具体确定日常生产运作活动的内容，常以主生产计划、物料需求计划、能力需求计划和生产作业计划等来表示。

生产计划系统的各层次计划中，随着计划从战略层到战术层再到作业层发展，层次越来越低，计划期越来越短，计划覆盖的范围越来越窄，计划内容越来越具体，计划中的不确定性越来越小。它们之间的关系表现为：以高层次计划为龙头，高层次计划为编制低层次计划提供指导和依据，低层次计划为实现高层次计划提供支持和保证。

企业生产计划管理，是指确定和实现生产目标所需要的各项业务工作，其中包括市场预测、生产能力测算、具体编制计划、贯彻执行计划和检查调整计划等内容。

（1）市场预测。市场预测是对未来市场需求和发展的预计与推断，它是企业制订生产计划的必要前提。市场预测不仅是长期的战略性决策的重要输入，也是短期的日常运作的重要基础，企业必须通过市场预测来规划和指导自己的生产经营活动。企业市场预测的主要内容就是需求预测，即企业产品与服务的需求预测，如产品销售量、市场占有率及产品品种、花色、规格、价格的需求变化趋势等。这些预测决定企业的生产、生产能力及计划体系，并促使企业的财务、营销、人事做相应变动。

（2）期量标准。期量标准也称生产计划标准，它是对劳动对象在生产过程中的运动所规定的时间和数量的标准，是生产计划工作的重要依据。“期”是指时间，如创造一件产品需要多长时间，相隔多长时间出产一件产品等。“量”是指数量，如一次同时投入生产运作的制品数量、库存在制品数量等。

（3）生产能力。固定资产的生产能力，它是企业在一定的生产组织技术条件下，在一定时期内，全部生产性固定资产所能生产某种产品的最大数量或所能加工处理某种原材料的最大数量。它是反映企业生产可能性的一个重要指标。生产能力是直接关系着企业生产能否满足市场需要。所以，制订生产计划前，必须了解企业生产能力。生产能力是生产系统内部各种资源能力的综合反映，是保证一个企业长期发展的关键因素。

（三）生产能力平衡

企业生产能力水平是反映企业生产可能性的一项重要指标。在计算企业生产能力的过程中，必须从最基层开始，先计算相同的、相互可以替代的设备组的能力；再计算工段、车间的能力；最后确定企业的实际生产能力。

企业的生产能力一般有设计能力、查定能力、实际能力三种。当确定企业生产规程、编制企业长远规划、安排基本建设计划以及进行重大技术改造时，应以设计能力和查定能力为依据。企业编制年度生产计划、确定生产指标时，则以企业的实际生产能力为依据。

企业生产能力由三个基本因素所决定，即生产中固定资产的数量、固定资产的工作时间、固定资产的生产效率。

（1）生产中固定资产的数量，通常是指机器设备和生产面积，它是根据企业固定资产目录、生产技术说明书，或通过实地调查确定的。

（2）固定资产的工作时间，是指它的有效工作时间。固定资产的有效工作时间与企业规定的工作班次、轮班工作时间、全年工作日数、设备计划预修制度以及轮班内工人的休息制度有直接关系。

（3）固定资产的生产效率，是指单位设备的产量定额或单位产品的台时定额，与前两项因素相比，它是核定生产能力最难确定的一项数据，受各种因素的影响很大。生产能力的大小在很大程度上取决于定额水平是否先进合理。

三、企业市场营销管理

（一）市场概述

在古典经济学中，对市场最先明确下定义的是杰文斯，他认为："所谓市场，是指两个以上的人，他们经营两种以上的商品，他们存在这种商品的事实和互相交换的意志，又为一切人所知道。"因此，市场是指某种商品的现实购买者和潜在购买者需求的总和。一般说来，在营销管理中，我们认为市场是具有特定需求和欲望，而且愿意并能够通过交换来满足这种需求或欲望的全部潜在顾客。市场包含三个主要因素，即有某种需要的人、为满足这种需要的购买能力和购买欲望。用公式表示为：

市场 = 人口 + 购买力 + 购买欲望

美国市场营销协会（AMA）的定义委员会给市场下的定义是：市场是指一种货物或劳务的潜在购买者的集合需求。

（二）市场营销概述

市场营销就是企业在一定的市场环境中，在有效的时间、有效的地点、以顾客接受的价格和沟通方式符合顾客需求的产品卖给企业的目标顾客，并实现顾客的满意与忠诚的过程。

美国市场营销协会（American Marketing Association）将市场营销定义为："营销是规划和实施理念、商品和服务的设计、定价、促销和分销以实现满足个人和组织目标的交换的过程。

菲利普·科特勒给市场营销下的定义：市场营销是个人和集体通过创造，提供出售并同别人交换的价值，以获得其所需所欲之物的一种社会和管理过程。

我们认为，市场营销的研究对象是市场营销活动及其规律，即研究企业如何识别、分析评价、选择和利用市场机会，从满足目标市场顾客需求出发，有计划地组织企业的整体活动，通过交换将产品从生产者手中转向消费者手中，以实现企业营销目标。市场营销既是一种组织职能，也是为了组织自身及利益相关者的利益而创造、传播、传递客户价值、管理客户关系的一系列过程。

美国市场营销协会于1985年对市场营销下了更完整和全面的定义：市场营销是对思

想、产品及劳务进行设计、定价、促销及分销的计划和实施过程，从而产生满足个人和组织目标的交换。

（三）市场营销过程

我们知道，市场营销是一个管理过程，这个过程需要我们确定并预计客户的需求，再通过一系列的研发、生产、销售、客户服务环节去满足客户的需求，并在满足客户需求的过程中保证企业盈利。这个过程相当复杂，与企业内部、外部的环境紧密相关，需要进行科学的管理。

市场营销过程是指企业千方百计满足消费者消费需求、实现企业经营目标的商业活动过程，它包括市场调研、产品开发、价格确定、销售渠道、促销策略、售后服务等一系列与市场有关的企业经营活动。市场营销管理过程也就是企业为实现企业任务和目标而发现、分析、选择和利用市场机会的管理过程。更具体地说，市场营销管理过程包括如下步骤：

1. 发现和评价市场机会

所谓潜在的市场，就是客观上已经存在或即将形成而尚未被人们认识的市场。要发现潜在市场，必须进行深入细致的调查研究，弄清市场对象是谁，容量有多大，消费者的心理、经济承受力如何，市场的内外部环境怎样，等等；要发现潜在市场，除了充分了解当前的情况以外，还应该按照经济发展的规律预测未来发展的趋势。市场营销管理人员可采取以下方法来寻找、发现市场机会：

- 广泛搜集市场信息；
- 借助产品/市场矩阵；
- 进行市场细分。

市场营销管理人员不仅要善于寻找、发现有吸引力的市场机会，而且要善于对所发现的各种市场机会加以评价，要看这些市场机会与本企业的任务、目标、资源条件等是否相一致，要选择那些比其潜在竞争者有更大的优势、能享有更大的“差别利益”的市场机会作为本企业的企业机会。

2. 细分市场和选择目标市场

目标市场营销即企业识别各个不同的购买者群，进行市场细分，选择其中一个或几个作为目标市场，运用适当的市场营销组合，集中力量为目标市场服务，满足目标市场需要。目标市场营销由三个步骤组成：一是市场细分；二是目标市场选择；三是市场定位。

3. 发展市场营销组合和决定市场营销预算

市场营销组合就是企业为了满足这个目标顾客群的需要而加以组合的可控制的变量。市场营销战略就是企业根据可能机会选择一个目标市场，并试图为目标市场提供一个有吸引力的市场营销组合。市场营销组合中所包含的可控制的变量很多，可以概括为四个基本变量，即产品、价格、地点和促销。

4. 执行和控制市场营销计划

在市场营销中，按照公司营销战略和计划执行之后，我们要评价和监督执行是否与计划符合，如果不符合，是什么原因引起的，是应该修改计划还是应该改变我们的执行模式。

市场营销计划控制包括年度计划控制、盈利能力控制、效率控制和战略控制。

（1）年度计划控制。所谓年度计划控制，是指企业在本年度内采取控制步骤，检查实际绩效与计划之间是否有偏差，并采取改进措施，以确保市场营销计划的实现与完成。

（2）盈利能力控制。运用盈利能力控制来测定不同产品、不同销售区域、不同顾客群体、不同渠道以及不同订货规模的盈利能力。

（3）效率控制。以高效率的方式来管理销售人员、广告、销售促进及分销。

（4）战略控制。战略控制是指市场营销管理者采取一系列行动，使实际市场营销工作与原规划尽可能一致，在控制中通过不断评审和信息反馈，对战略不断修正。

四、企业采购管理

采购管理是企业物资供应的重要环节。现代采购管理是基于供应链概念下，整合供应商、制造商物流过程，达到恰当的产品和服务，按照恰当的时间以恰当的数量配送到恰当的地点，使系统成本降到最低而又满足客户的服务需求。基于供应链管理的理念要求企业将整个供应链上的企业（包括供应商、分销商和企业的利益）统筹考虑，实现整个供应链的物料供应的稳定性和效益最大化。

（一）采购管理概述

据调查，对于技术性一般的企业，其物流采购成本比例在30% ~80%之间；对于高新技术产业公司，其采购成本比例一般为10% ~30%；对于多年成熟的简单技术，采购成本比例可能高达90%。由此可见，如何使企业在白热化的竞争中求生存、谋发展，不仅要在研发、销售、制造上寻找改进点，而且也需要在物流采购供应上挖掘潜力，最终形成企业独有的物流采购优势，以促进研发、保障生产需求供应，为企业参与市场竞争、获得持久发展提供动力。

众所周知，物料供应管理已成为制约企业生存与发展的核心要素，其中，如何有效地运用企业的物流采购供应链及其资源是现代企业面临的重大难题之一，并且在企业经营战略中占有至关重要的地位，是全面改善和大力提升企业整体管理水平的重要环节。

现代企业经常使用的是ERP（企业资源计划系统），这能使我们获得更多、更新、更全面、更精确、更及时的信息，利用这些信息拓展采购视野，以便在与供应商谈判时掌握主动权，提高工作效率和改善作业流程，从而将更多的时间放到采购策略和绩效提升等重要工作上去。在这里，我们把采购管理组织分成四个层次：一是管理制度，主要是解决采购组织部门的方向，解决关键与重大的管理问题；二是工作标准，按工作岗位拟订、衡量工作做得好坏的基准，是用于检验考评工作人员是否称职的依据；三是运作程序，规定物流采购工作层面各接口环节的运作程序；四是作业流程，更为详细地制定出各项具体业务的作业流程图，明确指导采购人员按作业流程正确执行工作指令，及时完成本职工作任务。这些都是物流采购系统规范化管理的基础，有利于采购管理工作全面走上正轨。

（二）采购过程

采购就是在适当的时候以适当的价格从适当的供应商处买回所需数量商品的活动。欧洲某专业机构的一项调查得出以下结果：在采购过程中，通过价格谈判降低成本的幅度一般在3%~5%，通过采购市场调研比较、优化供应商平均可降低成本3%~10%，通过发展伙伴型供应商并对供应商进行综合改进，可降低成本10%~25%。从采购管理的角度讲，职责包括制订并实施采购的方针、策略、流程、目标及改进计划，进行采购及供应商绩效衡量，建立供应商审核及认可、考核与评估体系，开展采购系统自我评估，建立培养稳定并有创造性的专业采购队伍等。

采购在企业管理中具有重要地位的原因：首先在于采购存在"利润杠杆效应"，正是这个效应的存在才使得企业的高层管理者们想方设法在采购上下功夫，为企业"挤"出更多的利润，也正是因为如此，才使得采购部门越来越受到这个微利时代的企业高层管理者们更多的重视。举个例子，假设一个企业50%的资金用于采购原材料，其税前利润为10%，那么它每收入10万元，将获得1万元的利润，并且这10万元收入中将有5万元用于采购。我们假设采购部经过努力降低了2%的采购成本，那么在利润中将增加1000元，如果换成通过增加销售来获取这1000元利润的话，那么要增加10%的销售额才能实现，即要多卖1万元才行。但是不要简单地将2%和10%进行比较，因为要降低2%的采购成本看似不难，但在实际作业中可能就要为这2%费尽心机，有时经过了努力但仍有可能达不到目标。

一般而言，采购程序有如下关键步骤：

1. 发现需求

通过生产或者其他部门提出的物料需求计划进行分析，明确企业自身的需求。

2. 对需求进行描述

即对所需的物品、商品或服务的特点和数量准确加以说明。

3. 确定可能的供应商并对其加以分析

决定和某个供应商进行大量业务往来通常需要一系列合理的标准。良好的采购技术是决策背后尽可能合理的论证过程。通常情况下，采购方对供应上能否满足自己的质量、数量、交付、价格、服务目标等的观察将支配决策结果。与这些基本采购目标相关的还有一些更重要的供应商品质，包括历史记录、设备与技术力量、财务状况、组织与管理、声誉、系统、程序柔性、通信、劳资关系、位置等。

4. 确定价格和采购条件

通过双方的谈判和协调，确定双赢的价格和采购条件，为双方的长期合作奠定基础。

5. 拟定并发出采购订单

按照采购计划，发出详细采购订单，开始采购行动。

6. 对订单进行跟踪或催货

发出订单之后，采购工作的任务就是要跟踪订单的执行情况，看订单是否按照计划执行，如果出现偏差，要及时协调并且采取措施完成采购计划。

7. 接受并检验收到的货物

在供应商的货物按照供应计划交货时，企业要对货物进行详细检查，看货物是否符合采购要求，并且按照科学方法进行物料的仓储管理。

8. 结清发票并支付货款

按照双方合同和协议要求支付供应商货款。

9. 维护记录

对供应商进行不断的评价和管理，争取和供应商建立长期的战略合作关系。

第三节　塑造企业决策场景

模拟企业经营的基础背景，一般设定为一家生产型企业。此课程一般会把参加训练的学员分成若干组，一般每组 5 ~ 7 人，每组各代表不同的虚拟公司。在这个训练中，每个小组的成员将分别担任公司中的重要职位（执行总裁、首席财务官、市场总监、生产总监和采购总监等）。每队要亲自经营一家拥有上亿元资产、销售良好、资金充裕的企业，连续从事 6 ~ 8 个会计年度的经营活动。而企业模拟经营电子沙盘对抗更加激烈，可以把训练的学员分成若干个组，每组成员 5 ~ 7 人组建虚拟公司。学员从股东那里得到初始资金（资金数额由指导教师决定），自己决定生产什么样的产品。在经营过程中要面对同行竞争、产品老化、市场单一的情况，公司要如何保持成功及不断成长，是每位成员面临的重大挑战。该实训涉及整体战略、产品研发、设备投资改造、生产能力规划与排程、物料需求计划、资金需求规划、市场与销售、财务经济指标分析、团队沟通与建设等多个方面的内容。企业模拟经营沙盘实训过程如图 2 – 1 所示。

图 2 – 1　沙盘实训过程图

通过企业模拟经营沙盘对抗，学员要在模拟出来的这几年经营中，在客户、市场、资源及利润等方面进行一番真正的较量。这种模拟有助于我们形成宏观规划、战略布局的思维模式。通过这一模拟，我们可以对生产企业各环节的业务都会达成一致的理性及感性认识，形成共通的思维模式，形成促进沟通的共同语言。

企业模拟经营沙盘对抗可帮助我们站在高层领导的角度认清企业运营状况，建立企业运营的战略视角，了解企业中物流、资金流、信息流如何做到协同统一，认识到模拟企业经营系统对于提升公司管理的价值；可以帮助我们站在中层经理的角度了解整个公司的运作流程，提高全局和长远策略意识，了解各部门决策对企业业绩产生的影响，同时理解如何用模拟企业经营系统处理各项业务和由此带来的决策的准确性；可以帮助我们站在一线主管的角度上认识到企业资源的有限性和企业一线生产研发等部门之间的紧密联系，从而提升其策略性思考的能力，提高与下属沟通的技巧；可以帮助我们站在企业员工的角度上从市场、财务、业务、工作流等相关角度深入理解企业资源运营。

第二篇　规则篇

情景导入

想注册公司了？还早，得先学学相关的法律制度，一个不遵守规则的公司是不会被社会接受的。我们的模拟企业也是一样，大家必须遵守共同的规则，在统一的规则下，才能公平竞争。这篇的学习，是为真正的对抗进行准备的。

本篇提要

没有规矩，不成方圆，请大家按捺一下跃跃欲试的心情，先学习游戏规则。

第三章　模拟企业经营规则认识：认识规则，了解规则的可变性、可塑造性；

第四章　模拟企业经营规则讲解：学习具体的模拟经营规则，为对抗实战打下基础。

学习目标

知识目标：了解模拟企业经营规则的作用，认识规则的模拟性质；

技能目标：熟悉模拟企业经营规则并能灵活运用。

教学建议

6 课时：第三章 1 课时，第四章 5 课时；以老师讲解为主。

第三章

模拟企业经营规则认识

第一节　模拟企业经营规则概述

模拟企业中的规则就是我们真实企业中的法律环境及竞争秩序。不同的国家会有不同的法律环境和竞争秩序，同样，不同的模拟企业经营软件及模拟企业经营竞赛会有不同的规则，规则是允许变化的。但是，不管在哪种法律环境下，都必须讲究公平、公正、公开，不管在哪种竞争秩序下，都要求有序良性竞争，所以，不管是哪种模拟企业经营软件或者哪场模拟企业经营竞争，又都会有共同的思想和理念，那就是，在遵守相同规则下能展开有序而又良性的竞争。

企业模拟对抗课程的基础背景设定为一家已经经营若干年的生产型企业。课程将把参加训练的学员分成若干组，每组 5 ~ 7 人，每组各代表不同的虚拟公司。

在这个训练中，每个小组的成员将分别担任公司中的重要职位，如总经理、财务部经理、销售部经理、人事部经理、生产部经理、研发部经理等。若干个公司是同行业中的竞争对手，他们创办或者接手企业，在面对来自其他企业（其他学员小组）的激烈竞争中，将企业向前推进、发展。学员根据获得的信息对企业外部环境做详细的分析、研究，预测消费者的需求状况，再根据自身企业的状况来制定本企业的发展战略决策，然后逐步制定市场决策、产品决策、营销决策、生产管理决策、财务决策等决策内容，做出购买、研发、生产、竞标、广告、培训、销售等经营决策。借助生动仿真的教学模具进行沙盘推演，实现由研发、生产到销售的全部经营过程。期末用《会计报表》和《经营记录表》等表格记录经营结果，计算出经营效率，结算经营业绩。

模拟经营充满了挑战，由于各家公司选择的策略和运作能力各不相同，竞争态势此消彼长。各公司管理层将依据市场信息决定自己的定位和市场策略：何时投资于何种新产品；何时进入目标市场；如何扩展生产能力，使之与市场策略相适应；如何融资；如何平衡资金。在模拟经营过程中，培训师会根据学员犯下的决策性错误，有针对性地评析，并结合现实中的企业案例给出结论，由学员反思，进而修正决策，继续演练。

第二节 模拟企业经营中的企业

模拟经营企业将企业中的几个主要部门都集中在一个盘面上，具体包括以下几个方面：

1. 战略中心

这里是企业CEO（首席执行官）的指挥所，企业所有的重要决策都是从这里发出的，因此，这在很大程度上决定着企业战略的成败。

战略中心的核心任务是“战略规划”和“战略执行”，即：对未来如何设想，如何组织企业中的各类资源实现上述设想。

“战略规划”包含“确定战略目标”和“设计实施方案”两部分。在战略规划中，模拟企业经营为我们提供了基于对市场总体情况和竞争对手的分析平台，结合模拟企业经营对我们企业自身能力和资源的诊断，提供给我们一份条理清晰、结构完整、数据充分的“战略目标体系”。

“战略执行”关系到如何将“战略规划”转化成企业日常的经营活动，模拟企业经营使我们各组成员明确“做哪些事”“做事的成本应是多少”“完成与否的后果是什么”，使经营更加规范化。

2. 营销策划与销售中心

企业销售部门是站在企业的最前沿，在这里，作为营销主管，其任务是为企业获得尽可能多的利润。将企业生产的各种产品销售到市场是他的主要责任。因此，开拓各种市场、开发产品、产品的ISO认证工作将等待着销售主管来完成。

3. 财务中心

企业财务管理目标对全部理财活动具有根本性的影响。确立企业财务管理目标是明确现代理财思想、建立现代理财方法和措施必须重点考虑的问题。该中心相当于真实企业的财务、会计的结合体。这里主要由财务主管担负有关财务、会计的所有各项任务。因此，既要做好会计核算，又要做好财务管理。即：管好资金流动、做好各项财务报表与分析，进行资金预算与筹集。

4. 生产中心

它是生产型企业的源头，所有产品都在这里生产出来。生产中心的最高首长为生产主管，他对企业的一切生产活动进行管理。在这个模拟生产系统中，他主要应做好：生产计划的制订与执行、生产设备的改造与投资建设、厂房的租赁与购买、原物料的请购等。

生产中心的任务是将人力、物料、设备、技术、信息能源等生产要素有效地转化为有形产品或服务，简单地说就是投入、转换、产出的过程。模拟企业经营是生产有形产品。模拟企业经营规范了企业生产过程中的设计、计划、组织与控制，使我们更好地组织公司的日常生产。

5. 物流中心

物流中心起着连接生产和消费间对物资履行保管、运输、装卸、包装、加工等功能，以及控制这类功能后援提供了非常重要的帮助。它在物资流动中起了桥梁作用。该中心包括了两大部分：物质的采购管理与物质的库存管理。在这个中心以采购主管为首，其职责从生产部门的请购单中，向供应商采购相应物料，及时、准确地按生产部门要求供料给生产部门，同时保持零库存状态。在这个模拟企业经营上，它是相对最为简单的一个中心。当然在真实企业里，这两个部门非常复杂，它们对企业的生产起着重要作用，采购部门要力求购到满足生产需求的、质量合格的、价格廉价的、供货期及时的物料；库存部门则应对物料管理进行规划。

第三节　模拟企业经营中的人员

一、模拟企业组织构架

任何企业创建之初，都要有与其企业类型相适应的组织结构。理论上说，企业组织结构的形式可以有无数种，但是在现实组织中得到采用并占主导地位的组织结构则仅有其中的几种，即直线制、直线职能制、事业部制、矩阵组织形式、企业集团组织形式等，这些组织形式其实没有绝对的优劣之分。不同的环境中的企业或同一企业中不同单位的管理者，都可根据实际情况选用其中某种最合适的组织形式。组织结构是保证企业正常运转的基本条件。

在模拟企业经营实训课程中，我们采用了简化的企业组织结构形式，企业组织由几个主要角色来代表，包括 CEO（首席执行官）、CFO（财务主管）、营销主管、生产主管、采购主管等。

1. 首席执行官（CEO）

负责制订和实施公司总体战略与年度经营计划；建立和健全公司的管理体系与组织结构，从结构、流程、人员、激励四个方面着手优化管理，实现管理的新跨越；主持公司的日常经营管理工作，实现公司经营管理目标和发展目标。

在模拟企业经营实训中，企业所有的重要决策均由 CEO 带领团队成员共同决定，如果大家意见相左，由 CEO 拍板决定。做出有利于企业发展的战略决策是 CEO 的最大职责，同时 CEO 还要负责控制企业流程运行。与此同时，CEO 在实训中还要特别关注每个人是否能胜任其岗位，尤其是一些重要岗位，如财务主管、营销主管等，如不胜任要及时调整，以免影响整个企业的运行及竞赛。

CEO 主要完成以下工作：制定发展战略、竞争格局分析、经营指标确定、业务策略制定、全面预算管理、管理团队协同、企业绩效分析、业绩考评管理、管理授权与总结。

作为企业的掌门人，担任该职务的学生可以尽显自身的企业经营管理才能，全方位展现专业理论与实践的结合。学生应对本企业主要的目标、经营方向、经营方针等做出全局谋划。

2. 财务主管（CFO）

在企业中，财务与会计的职能常常是分离的，他们有着不同的目标和工作内容。会计主要负责日常现金收支管理，定期核查企业的经营状况，核算企业的经营成果，制定预算及对成本数据进行分类和分析。财务的职责主要是负责资金的筹集、管理；做好现金预算，管好、用好资金。如果说资金是企业的血液，财务部门就是企业的心脏。财务主管要参与企业重大决策方案的讨论，如设备投资、产品研发、市场开拓、ISO 资格认证、购置厂房等。企业进出的任何一笔资金，都要经过财务部门。

在受训者较少时，一般将上述两大职能都归并到财务主管身上，统一负责对企业的资金进行预测、筹集、调度与监控。CFO 要管好现金流，按需求支付各项费用和进行核算成本，做好财务分析；进行现金预算，采用经济有效的方式筹集资金，将资金成本控制在较低水平。

CFO 主要完成以下工作：日常财务记账和登账、向税务部门报税、提供财务报表、进行日常现金管理、制定企业融资策略、控制成本费用、资金调度与风险管理、财务制度与风险管理、财务分析与协助决策。在受训者人数允许时，建议增设会计主管（或财务助理）分担会计职能。

仍然是纯消费者的学生，一直以来都是父母供应吃、穿、住、行等所有费用，因此，很多学生无法体验父母赚钱的艰辛。通过该岗位的实训，让学生真正明白，企业的资金是有限的，要想让企业长期稳定地发展，就必须充分管好资金流动、提高资金使用效率；做好各项财务报表与分析，进行资金预算与筹集；进行长短期资金需求预估。

3. 营销主管

企业的利润是由销售收入带来的，销售收入是企业生存和发展的关键。为此，营销主管应结合市场预测及客户需求制订销售计划，有选择地进行广告投放，取得与企业生产能力相匹配的客户订单，与生产部门做好沟通，保证按时交货给客户，监督货款的回收，进行客户关系管理。

营销主管主要完成以下工作：市场调查分析、制定市场进入策略、制定品种发展策略、制定广告宣传策略、制订销售计划、争取订单与谈判、签订合同与过程控制、按时发货与应收款管理、销售绩效分析。

营销主管还可以兼任商业间谍的角色，因为他最方便监控竞争对手的情况，比如对手正在开拓哪些市场，未涉足哪些市场，他们在销售上取得了多大的成功，他们拥有哪类生产线，生产能力如何等。充分了解市场，明确竞争对手的动向，有利于本企业与对手今后的竞争与合作。

通过该岗位的实训，学生可以学会如何分析市场、开发市场与产品及相关认证；关注竞争对手、感受企业及市场内外押力，把握消费者需求；制订营销与广告策略、销售计划，使之尽可能提高企业利润。

4. 生产主管

生产主管是企业生产部门的核心人物，对企业的一切生产活动进行管理，并对企业的一切生产活动及产品负最终的责任。生产主管既是生产计划的制订者和决策者，又是生产过程的监控者，对企业目标的实现负有重大责任。他的工作是通过计划、组织、指挥和控制等手段实现企业资源的优化配置，创造最大的经济效益。

生产主管主要完成以下工作：产品研发管理、管理体系认证、固定资产投资、编制生产计划、平衡生产能力、生产车间管理、产品质量保证、成品库存管理、产品外协管理。

作为生产系统的最高管理者，在真实企业生产中要从人、机、料、法、环、安全、质量、成本等方面进行管理，当然该模拟虽然无法实现这些方面的操作，但是仍然能让学生掌握内容：生产计划的制订与执行、产品的生产流程与生产周期、机器设备的改造与投资、机器设备的损耗与折旧、原物料的请购等。

5. 采购主管

采购是企业生产的首要环节。采购主管负责各种原料的及时采购和安全管理，确保企业生产的正常进行；负责编制并实施采购供应计划，分析各种物资供应渠道及市场供求变化情况，力求从价格上、质量上把好第一关，为企业生产做好后勤保障；进行供应商管理；进行原材料库存的数据统计与分析。

采购主管主要完成以下工作：编制采购计划、与供应商谈判、签订采购合同、监控采购过程、到货验收、仓储管理、采购支付决策、与财务部协调、与生产部协同。

在模拟企业里，让学生首先学会的就是保证生产正常进行是物流中心的首要任务。此外，学生还要学会什么是采购合同，当企业与相关单位签订物料采购供应合同后，是不能变更的。也就是采购主管在下达采购订单时，应严格按照物料请购单进行。最后，学生还要学会物料采购周期、库存管理中的零库存和安全库存管理等内容。

6. 商业间谍

21 世纪是一个信息化的社会，获取最新、准确的信息是企业持续发展的保障。因此，学生应该学会如何获得竞争对手的信息；如何将信息加工整理；如何将信息反馈给总部，从而为企业战略、战术发展提供参考依据。

7. 其他角色

在受训者人数较多时，可适当增加财务助理、CEO 助理、销售助理、生产助理等辅助角色，特别是财务助理一职很值得设立。为使这些辅助角色充分发挥作用，应尽可能明确其所承担的职责和具体任务。

二、主要角色的盘面定位

实训中主要角色的盘面定位情况见图 3－1。

图 3－1 主要角色盘面定位图

第四章

模拟企业经营规则解析

企业在一个开放的市场环境中生存，企业之间的竞争需要遵循一定的规则。综合考虑市场竞争及企业经营所涉及的方方面面，本章以用友创业者沙盘为蓝本进行规则介绍。

第一节　概述

创业设计暨沙盘模拟经营，是提供给每一组创业者一大笔创业资金，创业者需要从零开始创办一家制造型企业，在市场上有若干家同质企业竞争，在激烈的竞争中求生存、求发展。在创业者 5.0 系统中，生存要满足两大要求：即股东权益为正、且资金链不小于 0（可以等于 0），只有当这两个条件同时满足，企业才能继续生存。而发展的衡量标准可由系统中规定的公式求得，公式中有股东权益以及企业发展潜力两个参数，股东权益越高，数值越大；企业发展潜力越好，数值越大。因此，最终得到的数值越大，发展越好。

在沙盘模拟经营中，将许多条件进行了简化。如企业的创建程序，略去了注册、登记等法律程序；在采购时忽略了原材料的价格波动以及假设供应商能够在承诺的提前期供货；在市场竞争中，主要考虑了市场广告额，而没有考虑促销、渠道等因素。基于上述假设与约束，使创业者能够从原本事无巨细的经营细节中解放出来，而着重考虑经营战略与规划。

第二节　规则解析

要创建一个制造型企业，首先就需要有厂房。

一、厂房（见表4－1）

表4－1

厂房	购买价格W（万元）	租金	出售价格	容量	购买上限	分值
大厂房	30W	4W/年	30W	4条	3个	10分
小厂房	20W	3W/年	20W	3条	3个	7分

厂房出售得到4个账期的应收款，紧急情况下可将厂房贴现，直接得到现金。

厂房租入后，一年后可作租转买、退租等处理，续租系统自动处理。

使用厂房时，可采用租用或者购入的方式，每季均可操作。资金不足时，可以将厂房贴现，系统自动改为租用厂房。厂房租入后，每满一年可作租转买、退租（厂房中无生产线）等处理，续租系统自动处理。例如1.4（意为第一年第四季度，下同）开始租用厂房，系统自动扣除一年租金，下次扣除租金的时间是2.4的季末，如果想购入厂房，则应在2.4季中的“厂房处理”中进行购入厂房相应的操作，2.4季末将不扣除租金；若未购入则系统自动续租，2.4季末将扣除一年的租金，下次购入厂房的时期是3.4。

系统允许厂房的最多数量是4个。

可见，不管是购买大厂房还是小厂房，势必会占用大量资金，且肯定需要造成资金短缺；而租用厂房尽管每年只需要支付一定量的租金，但是需要注意的是，租金直接从股东权益中扣除，对股东权益会产生较大影响。到底是购买厂房还是租赁厂房更好，没有明确的答案，完全取决于创业者的资金预算规划。如果在资金预算规划中，有许多资金使用项目且需占用大量资金时，则建议租赁厂房；反之则可购买厂房，购买厂房不仅不会影响股东权益，且当企业资金链有断裂征兆时，可出售厂房换取现金，维持企业运转（以上仅是个人建议，具体如何决策取决于创业者对自身企业以及市场的把控）。

而在大厂房与小厂房之间如何取舍时，则应考虑其容量限制（每个大厂房最多可容纳6条生产线，每个小厂房最多可容纳4条生产线）。创业者创业初期可预测自身的生产线建造时间以及数量，根据此就可预测出每年的生产线数量，基于此，再根据大、小厂房的容量，从长远的角度选择能够使总租金最低的策略。

二、生产线（见表4－2）

表4－2

生产线	购置费	安装周期	生产周期	维修费	残值	转产周期	转产费	分值
手工线	5W	无	3Q	0W/年	2W	无	无	5分
半自动线	10W	1Q	2Q	1W/年	2W	1Q	2W	7分
自动线	15W	3Q	1Q	2W/年	3W	1Q	2W	9分
柔性线	20W	4Q	1Q	2W/年	4W	无	无	10分

规则说明：

（1）生产线有三种状态：

建设：表示生产线尚未完工，正在建设期，其累计投资额应计入资产负债表的“在建工程”项目；

生产：表示生产线正在进行产品的生产；

空闲：表示生产线处于空闲状态，只有此状态的生产线方可进行转产或出售操作。

（2）安装周期为1，表示即买即用，无安装周期。例如计划在2.1使用柔线生产，应在1.1开始安装（建设）柔线，1.1新建，1.2续建，1.3续建，1.4续建，2.1季初建成，即可开始生产。

（3）生产周期：生产一个产品的时间，例如使用半自动线，每条手工线一年只能产2个产品，而使用柔性线，每条一年能产4个产品。

（4）转产：

只有空生产线方可转产；

手工和柔线转产后可立即生产，而租赁线和柔线需停产一个季度专门用于转产。

（5）维修费和折旧费：

生产线建成当年需要交维修费（年末扣除）；

折旧采用平均年限法，每年折旧费相同，折旧时间都是5年。租赁线不扣折旧，但每年会扣除维修费（即租金）；

生产线建成当年（第一年）不进行折旧，不扣折旧费，建成第二年才扣折旧，折旧费不扣除现金，只扣除利润。

例如（见表4-3）：

表4-3

类型	1.1	1.2	1.3	1.4	2.1	维修费	折旧费
自动线1		新建	续建	续建	季初建成	第二年年末扣	第二年不扣折旧
自动线2	新建	续建	续建	季初建成		第一年年末扣	第二年年末扣折旧

自动线1建成的时间是2.1季初，因此第二年为建成当年，年末扣维修费，但不扣折旧；自动线2建成的时间是1.4季初，第一年即建成当年，年末扣维修费，第二年年末就要扣折旧费，2条生产线对比，折旧费不会多扣，如果安排是2.1季开始生产，自动线2将比自动线1多扣除一年的维修费。

（6）不论何时出售生产线，价格为残值，净值与残值之差计入损失。

（7）生产线在厂房中的位置是固定的，不能将生产线从一个厂房移到另外一个厂房。

三、产品

（一）产品生产

要想生产某种产品，先要获得该产品的生产资格证。而要获得生产许可证，则必须经过产品研发。研发需要分期投入研发费用。投资规则如表 4－4 所示。

表 4－4　　产品物料清单

名称	开发费用	开发周期	加工费	直接成本	产品组成	分值
P1	1W/季 ×2 季 =2W	2 季	1W/个	2W/个	R1	7 分
P2	1W/季 ×3 季 =3W	3 季	1W/个	3W/个	R2 + R3	8 分
P3	1W/季 ×4 季 =4W	4 季	1W/个	4W/个	R1 + R3 + R4	9 分
P4	1W/季 ×4 季 =5W	5 季	1W/个	5W/个	R2 + R3 +2R4	10 分

规则说明：产品研发是分季度进行，也是分季度扣除开发费，产品研发可以中断或终止，但不允许超前或集中投入。已投资的研发费不能回收。

产品的直接成本包含加工费和原材料成本，例如 P2 的直接成本为 3 万元，其中 2 个材料成本为 2 万元，加工费 1 万元，合计 3 万元。直接成本在计算销售成本、库存商品成本和在产品成本时使用。原材料成本在材料入库时已经扣除，加工费在开始生产时支付。

在以上 4 种产品中，P1 的研发周期以及研发费用最短，P2 次之，P4 最甚。例如 P4 的研发周期为 5 季度，即使在第一年第一季度就开始研发，那么也需要在第二年第二季度才能够开始生产。在实训中具体生产哪种产品，安排怎样的产品组合应根据市场预测情况进行。

（二）原材料

采购原材料需经过下原料订单和采购入库两个步骤，这两个步骤之间的时间差称为订单提前期，各种原材料提前期如表 4－5 所示。

表 4－5

名称	购买价格	提前期
R1	1W/个	1 季
R2	1W/个	1 季
R3	1W/个	2 季
R4	1W/个	2 季

规则说明：

（1）没有下订单的原材料不能采购入库；

（2）所有下订单的原材料到期必须采购入库；

（3）原材料入库时必须到交易处支付现金购买已到期的原材料。

原材料有 4 种，分别为 R1、R2、R3、R4，其中 R1、R2 的采购提前期为 1 季度，R3、R4 的采购提前期为 2 季度。原材料价格均为 1M/个，订购原材料不需支付购买价款，在原材料入库时系统自动扣除购买价款，例如 1.3 订购 2 个 R3，那么在 2.1 进行原材料更新（原材料入库）时将扣除 2M。

另外，原材料与产品均可紧急采购获得，紧急采购可马上获得产品或者原材料，即采购提前期为0，但是需要额外支出费用。其中原材料的紧急采购价格为其正常采购价格的2倍；而产品的紧急采购价格为其直接成本的3倍。即：紧急采购R1或R2，每个原材料单价为2万元/个，紧急采购P1单价为6万元/个，紧急采购P2单价为9万元/个。

举例说明（见表4-6至表4-8）：

表4-6　　产品生产计划

产品生产\季度	2.1	2.2	2.3	2.4
P2生产数量	3	2	4	1

说明：P2全年生产10个，但只能销售9个，2.4正在生产的1个P2当季不能销售，需等到3.1才能销售，故2.1生产的3个P2到2.2才能销售。

表4-7　　原材料需求

原材料\季度	2.1	2.2	2.3	2.4
R2需要数量	3	2	4	1
R3需要数量	3	2	4	1

表4-8　　原材料订购数量（假设无库存）

原材料\季度	1.3	1.4	2.1	2.2	2.3
R2订购数量		3	2	4	1
R3订购数量	3	2	4	1	

四、市场开发及ISO（见表4-9）

表4-9

市场	开发费用	时间	分值
本地	1W/年×1年=1W	1年	5分
区域	1W/年×1年=1W	1年	5分
国内	1W/年×2年=2W	2年	8分
亚洲	1W/年×3年=3W	3年	9分
国际	1W/年×4年=4W	4年	10分

规则说明：开发费用按开发时间在年末平均支付，即市场开发的操作在每年的第四季度，允许中断或终止，不允许加速投资。某个市场开发完后，才能拥有其进入资格，才能在该市场投放广告。第一年无市场，第二年最多有2个市场，第三年最多有3个市场，依此类推。

市场有5种，分别为本地市场、区域市场、国内市场、亚洲市场和国际市场，要想进入相应市场，必须进行市场开拓，市场开拓完成，即获得市场资格准入之后才能在该市场销售产品。其中本地、区域市场的开发周期为 1 年；国际最长，需要 4 年。这里需要注意的是，市场开发是 1 年开发一次，这里要区别产品研发，产品研发是以季度为单位投入的（见表 4－10）。

表 4－10

市场	开发费用	时间	分值
ISO9000	1W/年 ×2 年 =2W	2 年	8 分
ISO14000	2W/年 ×2 年 =4W	2 年	10 分

规则说明：ISO 认证需分期投资开发，每年一次。可以中断投资，但不允许集中或超前投资。与市场开拓规则相类似，ISO 认证也是以年为单位进行开发的，在每年的第四季度才能进行操作。在市场中，某些订单会对产品的 ISO 认证有要求，只有拥有相应的 ISO 资格，才能有机会获得该订单。

五、市场订单

（一）市场预测

市场预测的是各公司可以信任的客户需求数据，各公司可以根据市场的预测安排经营。

（二）广告费

投入广告费有两个作用，一是获得拿取订单的机会；二是判断选单顺序。

系统自动依据以下规则确定选单顺序：

1. 以当年本市场本产品广告额投放大小顺序依次选单；
2. 如果两组本市场本产品广告额相同，则看当年本市场广告投放总额；
3. 如果当年本市场广告总额也相同，则看上年该市场销售排名；
4. 如仍相同，先投广告者先选单；
5. 如参数中选择有市场老大，老大有该市场所有产品优先选单权。

注意：投 1 万元（此为参数，称为最小得单广告额，可修改）广告有一次选单机会，此后每增加 2 万元（最小得单广告额 2 倍），多一次选单机会。

订单样式，例如第二年本地市场 P1 产品某订单（见表 4－11）。

表 4－11

订单编号	总价	单价	数量	交货期	账期
19－2－1108	15	5	3	3	4

规则说明：

（1）交货期 3：是指该订单的交单（交货）时间最迟需在本年度的第三季度，可以提前交货但不能推迟，推迟即违约，违约需交纳订单总额 20%（即销售总额 ×0.2 后四舍五入）的违约罚款，并收回订单（即违约的订单不能计算在本年的销售收入中）。有订单违约的企业（组），当年的市场地位均下降一级。

（2）账期4：是指该订单的应收款账期为4个季度（应收款账期从交单当季开始计算），假设该订单在2.2完成交单，需等到3.2才能收到该订单的价款15M（百万元）（在“应收款更新”中操作），如果在3.2前资金紧张，可以将该应收款贴现，但需要支付贴现息（计入财务费用），账期为0的订单交单后将立即收到现金。

注意：所有订单都需整单交货。

（3）违约与紧急采购的比较。

【例4-1】某P1订单（见表4-12）。

表4-12

订单数量	总价	库存数量
4	17	3

订单数量4个，而库存只有3个，无法交单，有两种选择：一是违约，二是紧急采购一个P1。违约无法获得该订单收入，净损失为3M（17×20%），紧急采购成本为6M（2M×3），该订单可获利：17-3×2-6=5M。因此，应该选择紧急采购，而不是违约。

注意：该订单在填制利润表时：收入17M，直接成本（销售成本）=4×2=8M，而不是3×2+6=12M，由于紧急采购产生的4M成本计入费用表的损失，而不计入销售成本。

【例4-2】某P1订单（见表4-13）。

表4-13

订单数量	总价	库存数量
4	17	1

思考：此种情况，应该选择违约还是紧急采购？

违约显示举例（见表4-14）。

表4-14

订单编号	市场	产品	数量	总价	状态	得单年份	交货期	账期	ISO	交货期
180016	本地	P2	2	146W	违约	第2年	3季	0季	—	—
180011	本地	P1	1	60W	已交单	第2年	2季	1季	—	第2年1季
180006	本地	P1	3	162W	违约	第2年	3季	2季	—	—

六、企业融资

企业如果出现资金不足，在经营期间，可以通过向银行贷款、应收款贴现或者出售库存来获得资金，但不允许企业间（组间）的相互融资（见表 4－15）。

表 4－15

贷款类型	贷款时间	贷款额度	年息	还款方式
长期贷款	每年度初	所有贷款不超过上一年所有者权益的 3 倍，不低于 10W	10%	年初付息，到期还本
短期贷款	每季度初	所有贷款不超过上一年所有者权益的 3 倍，不低于 10W	5%	到期一次还本付息
资金贴现	任何时间	视应收款额	10%（1 季，2 季） 12.5%（3 季，4 季）	变现时贴息，可对 1，2 季应收联合贴现（3，4 季同理）
库存拍卖	原材料 8 折（向下取整），成品按成本价			

规则说明：

（1）长期和短期贷款信用额度：

长、短期贷款的总额度（包括已借但未到还款期的贷款）为上年权益总计的 3 倍，长期贷款、短期贷款必须为大于等于 10W 的整数申请。例如，第一年所有者权益为 60，第一年已借 5 年期长贷 50W（且未申请短期贷款），则第二年可贷款总额度为：$60\times3-50=130$W。

（2）贷款规则：

①长期贷款每年必须支付利息，到期归还本金。长期贷款最多可贷 5 年。

②结束年时，不要求归还没有到期的各类贷款。

③短期贷款年限为 1 年，如果某一季度有短期贷款需要归还，且同时还拥有贷款额度时，必须先归还到期的短期贷款，才能申请新的短期贷款。

④所有的贷款不允许提前还款。

⑤企业间不允许私自融资，只允许企业向银行贷款，银行不提供高利贷。

⑥贷款利息计算时四舍五入。例如，短期贷款 210W，则利息为：$210\times5\%=10.5$W，四舍五入，实际支付利息为 11W。

⑦长期贷款利息是根据长期贷款的贷款总额乘以利率计算。例如，第 1 年申请 54W 长期贷款，第 2 年申请 24W 长期贷款，则第 3 年所需要支付的长期贷款利息 $=(54+24)\times10\%=7.8$W，四舍五入，实际支付利息为 8W。

（3）贴现规则。由于贴现息是向上取整，因此

①离到账时间为 1、2 季度的应收款，贴现时最好贴 10 的倍数，每 10M 应收款贴现可以获得 9M 的现金，1M 的贴现息（财务费用）；

②离到账时间为 3、4 季度的应收款，贴现时最好贴 8 的倍数，每 8M 应收款贴现可以获得 7M 的现金，1M 的贴现息（财务费用）；

（4）出售库存规则。

①原材料打8折出售。例如，出售10个原材料获得10×0.8＝8W，买入价与卖出价的差额计入损失。

②出售产成品按产品的成本价计算。例如，出售10个P2获得1×30＝30W。

七、其他规则

（一）取整规则（均精确或舍到个位整数）

违约金扣除——四舍五入；

库存出售所得现金——向下取整；

贴现费用——向上取整；

贷款利息——四舍五入。

（二）竞赛排名

教学结果以参加教学各组的第6年结束后的最终所有者权益进行评判，分数高者为优胜。

如果出现最终权益相等的情况，则参照各组第6年结束后的最终盘面计算盘面加分值，加分值高的组排名在前（排行榜只限于排名之用，不计入最终权益值）。如果加分值仍相等，则比较第6年净利润，高者排名靠前，如果还相等，则先完成第6年经营的组排名在前。

总成绩＝所有者权益×（1＋企业综合发展潜力/100）

企业综合发展潜力＝市场资格分值＋ISO资格分值＋生产资格分值＋厂房分值
＋各条生产线分值

生产线建成（包括转产）即加分，无须生产出产品，也无须有在制品；厂房必须为买。

第三篇　谋划篇

情景导入

工欲善其事，必先利其器。学习了规则，就得出发“战斗”了，但是，真刀真枪拼搏之前，我们先来磨磨刀枪吧。磨刀不误砍柴工，下面开始我们的磨刀之旅。

本篇提要

不打无准备之仗。本篇为战前准备篇，本篇主要叙述下列内容。

第五章　模拟企业经营基本谋划：主要从战略的高度来讲解沙盘布局，为实现最大效益做准备；

第六章　模拟企业经营战术准备：主要从战术角度来讲解沙盘经营，着眼细节，为最后的胜利谋保障。

学习目标

知识目标：进一步熟悉模拟企业经营规则；

技能目标：熟悉模拟企业经营战略思想及战术要点。

教学建议

4 课时：第五章 2 课时，第六章 2 课时；以师生交流为主。

第五章

模拟企业经营基本谋划

第一节　模拟企业经营战略布局

借助于对模拟企业经营大赛的分解，把做沙盘运用到的知识结合到战略管理中，通过对模拟企业经营的经营运作，来感受战略制定在企业运营、决策中的重要性。

一、用博弈的思想制定战略

无论是商业活动还是个人社会生活，在许多情况下都与棋牌等游戏有共同点。例如：模拟企业经营大赛，有若干参加者，有参赛规则，参加者的目的是在对抗中取胜，参加者之间有对抗与合作的关系，每当某一位参加者做出某种举动后，就会引起其他参加者的反应，并有若干个可能的结果。

在拿到参赛规则的那一刻，首先分析参赛规则，考虑各种可能性，并分析对手的各种可能性，为每一种可能性制定一种战略。例如，在第七届湖北省模拟企业经营比赛中，通过分析产品的市场需求预测，我们发现 P2、P3 属于高利润产品，同时，P2、P3 也属于高竞争力产品。当我们决定研发 P2、P3 的时候，同时也应该想到，像这种高利润产品组合有多少组会因为高强度竞争力而放弃，选择其他产品组合。当我们选择 P2、P3 的产品组合时，生产的比例又该如何分配，1∶1、1∶3、3∶1，考虑到竞争对手的各种可能性，我们要能够灵活地在这三种比例中进行转换，于是，初期生产线选择了两条柔性、两条自动。初期对对手了解较少，不知道对手风险偏好，战略的制定就有一个“博”的过程，最好的结果是选择了竞争较小的产品，这样就能用很少的广告费销售出更多的产品，提高毛利润。一旦了解了对手的策略后，战略渐渐转向“弈”的过程，这时可以根据波特五力分析或 SWOT 分析来调整策略。根据 SWOT 分析有 4 种可选择的战略，如表 5 – 1 所示。

表 5－1

外部因素	内部因素	优势（Strength）	劣势（Weakness）
机会（Opportunity）		SO 战略 （利用优势，抓住机会）	WO 战略 （利用机会，克服劣势）
威胁（Threat）		ST 战略 （利用优势，抓住机会）	WT 战略 （将劣势、威胁最小化）

二、用战略的眼光看待业务决策和运营

同样的起点，不一样的战略眼光，衍生出各式各样的结果。

在模拟企业经营大赛中，首先根据产品的市场需求预测做出正确而有效的业务决策，然后在资金预算允许的范围内，在合适的时间开发新产品，提高企业的市场竞争地位，在此基础上，进一步拓展市场领域，扩大生产能力，从而扩大生产规模，采用现代化生产手段，努力提高生产效率，使企业处于良好的运营状态。

俗话说："凡事预则立，不预则废。""未曾画竹，而已成竹在胸！"同样道理，在做模拟企业经营前，也要有一整套策略成型于心，方能使你的团队临危不乱，镇定自若，在变幻莫测的比赛中笑到最后。现举出几种具体战略布局的例子。

（一）力押群雄——霸王策略

在起初，筹到大量资金用于扩大产能，保证产能第一，以高广告策略夺取本地市场老大，并随着产品开发的节奏，成功实现 P1 向 P2、P2 向 P3 的主流产品过渡。在竞争中始终保持主流产品销售量和综合销售量第一。后期用高广告策略争夺主导产品的最高价市场的老大，保持权益最高，使对手望尘莫及，难以超越，最终直捣黄龙，夺得头筹。

运作好此策略关键有两点：一是资本运作，使自己有充足的资金用于产能扩大，并能抵御强大的还款押力，使资金运转正常，所以此策略对财务总监要求很高。二是精确的产能测算与生产成本预算，如何安排自己的产能扩大节奏？如何实现零库存？如何进行产品组合与市场开发？这些将决定着最终的成败！

采取霸王策略的团队要有相当的魄力，真的像当年霸王项羽那样，敢于破釜沉舟，谨小慎微者不宜采用。此策略的劣势在于如果资金或广告在某一环节出现失误，则会使自己陷于十分艰难的处境，过大的还款压力，可能导致破产，像霸王那样自刎乌江，所以此策略风险很高。

（二）忍辱负重——越王策略

采取此策略者通常是有很大的产能潜力，但由于期初广告运作失误，导致权益过低，处于劣势地位。所以要在第二、三年不得不靠 P1 维持生计，延缓产品开发计划，或进行 P2 产品开发，积攒力量，渡过危险期。在第四年时，突然推出 P3 或 P4 产品，配以精确广告策略，出其不意攻占对手的薄弱市场！在对手忙于应对时，自己早已把 P3、P4 的最高价市场把持在手，并抓住不放，不给对手机会，最终称霸中原。此策略制胜的关键点在

于广告运作和现金测算上，因为要采取精确广告策略，所以一定要仔细分析对手情况，找到它在市场中的薄弱环节，以最小的代价夺得市场，减少成本。其次，现金测算，因为要出奇兵（P3 或 P4），但这些产品对现金要求很高，所以现金测算必须准确，一旦出现资金断流情况，那就会完不成订单，因违约被罚款，必将前功尽弃，功亏一篑。

越王策略，不是一种主动的策略，多半是在不利的情况下采取的，所以团队成员要有很强的忍耐力与决断力，不要为眼前一时的困境所压倒，且学会好钢用在刀刃上，节约开支，降低成本，先图生存，再夺占市场！

（三）见风使舵——渔翁策略

当市场上有两家实力相当的企业争夺第一时，渔翁策略就派上用场了，首先在产品的产能上要努力跟随前两者的开发节奏，同时内部要努力降低成本，在每次新市场开辟时均采用低广告策略，规避风险，稳健经营，在双方两败俱伤时立即占领市场。

此策略的关键有两点：第一，在于一个“稳”字，即经营过程中一切按部就班，广告投入，产能扩大都是循序渐进，逐步实现，稳扎稳打。第二，要利用好时机，因为时机是稍纵即逝的，对竞争对手一定要仔细分析。

渔翁策略在比赛中是常见的，但要成功一定要做好充分准备，只有这样才能在机会来临时，抓住机会，从而使对手无法超越。

第二节 模拟企业经营广告与市场

一、广告角度

如果将 CEO 比作叱咤风云的统兵元帅，那么营销总监无疑是那攻城拔寨的先锋了。为将者无利器焉能杀敌，所以总结出了广告三大利器，赠予模拟企业经营运作中的各位营销总监，愿能助其一臂之力。

（一）亮银枪——高广告策略

枪在古代战场中，以打击范围广，杀伤威力大而著称，一直被古今名将所独钟，这也正好符合高广告策略的特色，高广告策略通常是在某个市场第一次开放时采用，利用高过对手 2～3M（百万元）的广告费，夺取市场的最大订单，夺得市场的老大，同时使其他的对手相互竞价、相互损耗。当然高广告策略，并不是指漫无目的地乱投入，浪费资金，高广告投放最高投资多少？这应该要在适当地分析对手的情况下，以 1M 为底线，高广告投放最高限为 13M，再高过这个值就不合算了，和长枪拼杀一样，一旦搏斗到近身，则威力大减。所以高广告策略在市场开辟后的作用就不大了，但是在竞争最高价市场时，还是可以显示很大威力的。

（二）小李飞刀——精确广告策略

“小李飞刀”以刀无虚发，一刀毙命为特点，同样适用于精确广告策略，也可以达到不浪费一分钱而实现零库存的目的。此策略的实施对营销总监要求很高，一要准确预测市场，二要准确预测对手。如果预测某个市场订单较多，则应努力争取，如果预测某市场订单较少，还有附加的要求，则应放弃，重点在于选择好市场，力争做到每1M都能收到成效。

（三）齐眉棍——低广告策略

棍棒在打斗中，以打击范围广、使用方便为特点。低广告策略也具有以上相似之处，低广告策略以投入少、风险低为特点，多为那些想保存实力，节约成本的企业采用。通常只在某些市场，只投入1M的广告，便能拿到订单，维持正常的生产。但也像大棍一样，打击面虽广而杀伤力小。低广告策略多为一种防御性的策略，不利于争夺市场，建议在实施中要与精确广告策略配合应用。

二、市场角度

在模拟企业经营沙盘模拟中共有5类市场，即本地市场、区域市场、国内市场、亚洲市场和国际市场，这是根据市场的范围来划分的。每一个企业都必须开拓本地市场和区域市场，因为在第二个经营年度，只有本地市场和区域市场可以销售产品，这是企业获得发展的基础，另外，本地市场和区域市场的开发成本低，开发期间短。随着企业的不断发展和壮大，以本地市场为中心逐步向其他市场扩张。到第五、第六个经营年度，市场数量达到最多，再加上有的企业势力很弱，不具有竞争力，或已经有企业破产，订单数量丰富，竞争态势减弱。所以，从总体上来说，不用把5个市场都开拓出来，开拓4个市场，把这4个市场经营好就够用了，这样还可以降低成本。现列举几种市场策略。

（一）市场领先

在某个市场投入比其他竞争对手更多的广告费，获得总额最多的订单，成为该市场的市场老大。市场老大拥有很多资源，在市场中获得的收益也最多，因此，能得到市场老大的地位对企业以后的发展有很多好处。当然，市场老大不是固定不变的，它时刻面临着竞争对手的挑战，市场老大竞争战略的核心是守住自己的市场，保持绝对优势地位。

（二）市场开拓

市场开拓是将现有产品投放到新的市场以扩大市场范围的战略。企业可以按照本地市场、区域市场、国内市场、亚洲市场和国际市场的顺序进行开发。亚洲市场和国际市场可任选其一，至于是选择亚洲市场还是国际市场，要根据产品策略来定。

（三）市场渗透

市场渗透就是在原有产品和原有市场的基础上，通过改善产品、服务等营销方法，逐步扩大销售，以占领更大市场的战略。市场数量是有限的，为了销售出更多的产品，使用市场渗透的方法，可以扩大每个市场每种产品的销量。

市场需求预测是企业制定经营战略的基础，购置几条生产线，研发哪几种产品，投放多少广告费，筹措多少资金等，都要根据需求预测来制定。模拟企业经营沙盘模拟中的需求预测以市场需求预测图为依据，预测图并不完全符合实际需求，但有很高的可信度。在经营模拟企业经营沙盘时必须要读懂市场需求预测图。

第三节 模拟企业经营财务与预算

一、经营前期做好财务预算工作

财务预算是整个沙盘模拟过程中非常重要的工作。财务预算最大的好处就在于使企业的运营现金流的收支处于掌控中。企业广告费的投入、生产线的建设、新产品的研发、ISO的认证、原材料的购进等一切都离不开资金。因此，对于现金问题应该一开始就做好预算工作，否则企业会面临成本加大，销售量降低，甚至资金链断裂，使企业面临破产的境地。预算可以预测未来时期企业对到期债务的直接偿还能力。在模拟过程中，如果财务总监在每年年初做出相应的预算，则能提前预测资金短缺的经营时点，进而在资金出现缺口之前安排融资，从而避免在长短期贷款到期时，因无法偿还贷款，给企业造成困难。

二、运营过程中根据资金情况及时做出调整

在企业模拟经营过程中，虽然之前已经做好了比较精细全面的预算，但是往往事与愿违。预算出的流动资金无法满足企业正常的投资和偿还负债，面临“拆了东墙补西墙”的尴尬境地。这时要求企业CEO和财务总监要及时调整融资策略、运营计划，加强企业内部控制，使企业顺利渡过难关。

三、模拟企业经营中融资方式分析

企业融资是指企业根据其生产经营、对外投资和调整资本结构等需要，通过金融市场等融资渠道，运用一定的融资方式，经济有效地筹措和集中资金的活动。筹集资金是企业基本的财务活动，是资金运动的起点，是决定资产规模和生产经营发展程度的重要环节。资金筹集必须遵循一定的原则，按照沙盘运营规则进行。

模拟企业经营中提供了三种企业融资方式：长期贷款、短期贷款、资金贴现。其中长期贷款最长期限为5年，以20M（1M为百万元）为基本贷款单位，每年年底支付利息，到期还本，长贷的最高限额是权益的3倍；短期贷款期限为1年，不足1年的按照1年计

息，以20M为基本贷款单位，到期还本付息，短期贷款的限额也是权益的倍数；资金贴现是在资金出现缺口且不具备银行贷款并且企业拥有应收账款的情况下，可以随时进行资金贴现，但是1、2账期的应收账款贴现金额必须是10的倍数，每贴现10M需交1M的贴现费；3、4账期的应收账款贴现金额必须是8的倍数，每贴现8M需交1M的贴现费。企业根据自身的负债情况，选择融资方式。

四、模拟企业经营中融资策略的分析

在模拟企业经营中，要根据不同的融资方式，制定出符合企业战略要求的融资策略。由于不同的融资方式有不同的融资代价，所以企业应计算并且比较不同融资方式各有什么特点，进而制定和选择适合企业的融资策略。既要保证融资代价低又要控制企业风险水平，这样才能以最经济的方式获取所需资金，并在债务到期时能够及时、轻松地偿款，而不至于融资策略的错误导致财务危机。这里总结出三种融资方式的特点。

（一）长期贷款策略分析

长期贷款的年利率是10%，融资成本较短贷要高，主要用于企业的固定资产、无形资产投资，即回收期限比较长的投资，因为长贷的还款期限最长，所以企业进行的长期贷款应该满足这些长期投资的需要。在企业经营中，一种观点认为第一年将所有者权益范围内的长贷全部贷满，以备今后5年的资金的使用，这样的策略会使企业在前5年减少还款压力、资金相对充裕、规避因资金链断裂而破产的风险。但是，通过几年的实训课程和参赛经验来看，如果把长贷贷满，就会面临将来5年每年12M的巨额财务费用，以及最后一年的巨大还款押力，从而造成所有者权益的大幅度下降，对企业经营来说这甚至是致命的。这种过度依靠长贷的策略，在企业模拟经营中是不主张的。

（二）短期贷款策略分析

短期贷款的年利率为5%，融资成本是所有融资方式中最低的，主要用于流动资产投资和企业日常经营的需要，每年季度初借款，贷款期限为1年，1年后还本付息。对于短贷而言，采取的策略就是充分利用短贷的灵活性，短贷不要多贷，够用即可。因为短贷是弥补企业流动资金不足而设的，除非有次年权益下降导致实际贷款额度超出界限等紧急情况的出现，否则不要多贷。怎么界定“够用”？这就要求财务总监进行精细的计算，即每季度的季初现金加上本期短贷资金应当能维持到更新应收款之前的支出，而应收款收现后，季末现金应当满足下季季初要换的短贷本息。若余额不够下季运营，还可再贷。另外短贷的申请应当根据企业资金的需要，分期短贷，不要挤在一个季度里，这样可以减轻企业的还款押力。这种主打短贷融资的策略，一方面减少财务费用支出，避免所有者权益的急速下降；另一方面，可以及时地满足企业对流动资本的需求，有效地降低企业综合资本成本。

（三）资金贴现策略分析

资金贴现在模拟企业经营规则中账期为1、2期的应收账款，一般是按照1∶10的比例进行贴现，即每 10 个应收款就要支付 1 个贴现费用，收到 9 个现金放到现金库。账期为 3、4 期的应收账款一般是按照 1∶8 的比例进行贴现，即每 8 个应收款就要支付 1 个贴现费用，收到 7 个现金放到现金库贴现作为一种获得现金的形式，在企业发生小财务危机的时候可以使用，但是若是有大范围的资金缺口，还是建议用银行贷款，因为贴现的财务费用要大于银行贷款。

总之，好的融资策略需要考虑到各方面的因素，各种融资方式搭配使用。财务总监在制定融资策略时，应考虑企业融资是否最大限度地满足企业发展的需要、融资成本是否最低以及资本效益是否最高。在模拟企业经营实战制定融资策略时，既要考虑节约财务费用，还要考虑融资速度、融资成本、融资风险以及贷款时企业所有者权益的制约等方面。理想的融资形式不仅表现在总额上充分满足企业发展的需要，而且在时间上要与投资节奏相协调。

第六章

模拟企业经营战术准备

第一节　模拟企业经营人员分工与协作

一、模拟企业经营人员分工

沙盘模拟经营是由经营者、竞争规则、竞争策略、收入和支付等基本要素组成的。参与者由若干名学员组成，每5~7名学员成立一个公司。首先老师按照学员年龄、性别、职务、专业和能力均衡的原则，将学员分成若干个实力相当的学习小组，分组之后，每个小组的学员将以全身心参与的积极心态相互介绍，充分沟通，在有限的时间内做到最大可能深入地了解。

在接下来的学习中，学员将以小组为单位建立模拟公司，组建管理团队，参与模拟竞争。每一个学习小组就是一家模拟企业，同时也就是一个掌控模拟企业经济资源的决策集体。小组要根据每个成员的不同特点进行基本的分工，选举产生模拟企业的第一届总经理、财务总监、销售总监、采购总监、生产总监、研发总监等职位，确立组织原则和决策模式，注册公司名称。然后形成若干个相互竞争的模拟公司，连续从事5~7年的经营活动。每个模拟公司依照竞争规则，做出购买、研发、生产、竞标、广告、培训、销售等经营决策，并用“资产负债表”和“利润表”记录经营结果、计算出经营效率。下面我们就来看看这些模拟管理者的职能。

1. 总经理

总经理是一个公司的舵手，对公司的发展方向和团队的协调起重要作用。在公司经营一帆风顺的时候能带领团队冷静思考，而在公司遇到挫折的时候能鼓舞大家继续前进。总经理带领团队主要完成如下工作：

- 制定发展战略，评估内外部环境，制定中、短期经营策略；
- 竞争格局分析；

- 经营指标确定;
- 业务策略制定;
- 全面预算管理;
- 管理团队协同;
- 企业绩效分析;
- 业绩考评管理;
- 管理授权与总结。

2. 财务总监

会计报表是企业的语言，财务数据是企业各项经营活动的数字表现，财务流程与企业的整体运营紧密关联。财务总监要了解企业的“钱”途，要学会“财眼”看世界，掌握财务管理技能和方法，具备成本意识和与各部门的沟通技巧，并在决策和管理过程中自觉考虑财务因素。财务经理主要完成如下工作:

- 日常财务记账和登账;
- 向税务部门报税;
- 提供财务报表;
- 日常现金管理;
- 企业融资策略的制定;
- 成本费用控制;
- 资金调度与风险管理;
- 财务制度与风险管理;
- 财务分析与协助决策;
- 制订投资计划，评估回收周期;
- 现金流的管理与控制;
- 编制财务报表，结算投资收益，评估决策效益;
- 运用财务指标进行财务分析和内部诊断，协助管理决策;
- 以有限的资金运作创造高利润。

3. 营销总监

市场营销的一个核心要素就是将公司现有的各种资源及想要达到的目标与市场需求有机地结合起来，把消费者需求和市场机会变成有利可图的公司机会的一种行之有效的手段，也是战胜竞争者谋求发展的重要工具。通过激烈的模拟市场竞争，在不给现实企业带来任何实际损失的前提下，获得宝贵的市场竞争经验。

通过实战模拟，辨认细分市场和选择目标市场，学会竞争分析、资源分配、整合营销策划和实施。帮助学员学习制订以市场为导向的业务战略计划，认识营销战略对于经营业绩的决定性作用，体验内部营销和外部营销间的关系。深刻领悟企业综合竞争能力的来源，理解客户终身价值的意义，从注重产品与推销转变为注重客户满意。随着市场竞争的加剧，哪家公司能最好地选择目标市场，并为目标市场制定相应的市场营销组合战略，哪家公司就是竞争中的赢家。营销总监主要完成如下工作：

- 市场信息系统的决策思路；
- 市场分析与定位；
- 市场制胜的方法与手段；
- 进攻与防守策略；
- 产品组合策略；
- 新产品研发决策；
- 产品的定价决策；
- 产品的定位决策；
- 市场与产品决策的常见误区及陷阱；
- 市场与产品决策的常用工具；
- 现代营销信息系统的构成；
- 内部报告系统；
- 营销情报系统；
- 营销调研系统；
- 营销决策支持系统；
- 市场预测和需求衡量；
- 辨认细分市场和选择目标市场；
- 实现差别化；
- 开发企业定位战略；
- 产品生命周期的营销战略；
- 市场调查分析；
- 市场进入策略；
- 品种发展策略；
- 广告宣传策略；
- 制订销售计划；
- 争取订单与谈判；
- 签订合同与过程控制；
- 按时发货、应收款管理；
- 销售绩效分析；
- 投标与竞标策略制定，营销效率分析；
- 研究市场信息，抢占市场，建立并维护市场地位，寻找不同市场的盈利机会。

4. 生产总监

模拟企业经营沙盘实战模拟课程真实再现一个制造型企业管理的完整流程，包括物流、资金流和信息流的协同，理解企业实际运作中各个部门和管理人员的相互配合。

生产营运总监要进行产品研发、生产、库存、产销排程、成本控制、合理开支、JIT

生产等的应用和协调，具体完成如下工作：

- 产品研发管理；
- 管理体系认证；
- 固定资产投资；
- 编制生产计划；
- 平衡生产能力；
- 生产车间管理；
- 产品质量保证；
- 成品库存管理；
- 产品外协管理；
- 生产计划的制订；
- 资源的合理配置；
- 生产能力与效率；
- 生产管理决策的常见误区与陷阱；
- 生产管理决策的常用工具。

5. 采购总监

在现代制造业经营中，供应链管理和物流管理已经成为公司核心竞争力构成的重要因素。采购总监主要完成如下工作：

- 编制采购计划；
- 供应商谈判；
- 签订采购合同；
- 监控采购过程；
- 到货验收；
- 仓储管理；
- 采购支付抉择；
- 与财务部协调；
- 与生产部门协同。

二、模拟企业经营人员之间的协作

（一）树立共赢理念

市场竞争是激烈的，也是不可避免的，但竞争并不意味着你死我活。寻求与合作伙伴之间的双赢、共赢才是企业发展的长久之道。这就要求企业知己知彼，在市场分析、竞争对手分析上做足文章，在竞争中寻求合作，企业才会有无限的发展机遇。

（二）全局观念与团队合作

通过模拟企业经营对抗课程的学习，学员可以深刻体会到团队协作精神的重要性。在企业运营这样一艘大船上，CEO 是舵手、CFO 保驾护航、营销总监冲锋陷阵……在这里，每一个角色都要以企业总体最优为出发点，各司其职，相互协作，才能赢得竞争，实现目标。

（三）保持诚信

诚信是一个企业立足之本，发展之本。诚信原则在模拟企业经营课程中体现为对“游戏规则”的遵守，如市场竞争规则、产能计算规则、生产设备购置以及转产等具体业务的处理。保持诚信是学员立足社会、发展自我的基本素质。

（四）个性与职业定位

每个个体因为拥有不同的个性而存在，这种个性在模拟企业经营沙盘模拟对抗中会显露无遗。在分组对抗中，有的小组轰轰烈烈，有的小组稳扎稳打，还有的小组则不知所措。虽然，个性特点与胜任角色有一定关联度，但在现实生活中，很多人并不是因为“爱一行”才“干一行”的。更多的情况是需要大家“干一行”就“爱一行”的。

第二节 模拟企业经营情报反馈与分析

能否搜集到必要且准确的市场信息并进行准确的分析，是企业战略制定和执行的关键。尽管竞争对手很多深受环境的困扰不得不解脱，但没有想经营破产的企业。每一家企业都在尽量搜集自己能掌握的信息，并对自己所掌握的信息进行筛选，再做对手的现实战略分析和未来发展方向的判断。所以当各家都认识到经营企业不是闭门造车时，都想看别人是怎么造“车”的，也都在想保持自己的秘密战略，能遮能掩的操作就是不让对方看到，就算经营的是正规的财务公开的大企业，遮掩并不违规啊，财务公开在年末，等年底真的糊弄了对手，让对手做出错误的判断，自己就是胜利。所以做好这项工作，不是件容易的事，需要掌握最新的市场信息，把握竞争对手非常细微的动作。比如在年末公布企业经营情况时，就要把竞争对手的在建工程及产品、原材料、订单等数据及时抓住，这样就会对下一年对手期初用哪条生产线、生产哪种产品做出判断，这样会尽量避免与对手在下年初同一市场上广告的拼杀。在模拟的场景中，每个市场的需求量是不变的，不断变化的是满足需求时各家的最终决策。每一项决策的最终拍板并不像赌徒把钱押“宝”一样，若那样，付出的代价太大，当意识到代价惨重时，后悔也来不及了。所以“宝”还是要押的，但胜算不是 50%，而是要有 90% 的把握。

用 2006 年“用友杯”全国总决赛第二场第二年为例。当时各家企业在第一年广告投入都很小，本地市场老大被 J 公司 7M 广告拿走。第一年本地广告没有比拼却有 6 家公司在第二年回头来抢本地市场老大，广告投入很凶，J 公司没能守住市场。这么多家“关照”他的市场，而不去竞争区域市场老大，这种特别的“关照”可以看出那 6 家公司的决策似乎如出一辙，从中可想而知信息保守很好，信息搜集做得非常不好。

第三节　模拟企业经营细节决定成败

所谓“大礼不辞小让，大实成于小节”，纵观古今中外，凡成大事者，无不注重细节。古人云：“千里之堤溃于蚁穴”，强调的是不要忽视任何一个小的失误。细节决定成败，在模拟企业经营中，细节显得更加重要，比赛中我们不仅要做好整体规划，还要在原材料订购、拿订单、贴现、避税、操作等细节上尽量减少各种失误，做好详细计划，从细节中完善方案。

一、原材料订购

初次接触沙盘的学员都会觉得原材料订购是沙盘模拟中最简单的工作，只要原材料在正常情况下每季度末保证零库存，使原材料资金占有率达到最小化就好了。但经过训练后的学员就不会这样想了，他们会发现原材料的多订可以使战略灵活多变，如原计划如果是以 5P2、4P3、6P4 的生产线开局，即在租赁线开局的情况下，原材料的灵活订购使经营方案多样化起来，而且要在拿订单后决定怎么开生产线：可以是 4P2、3P3、7P4，也可以是 5P2、5P3、5P4 等不同的方法来开生产线。所以要把握原材料的巧妙订购，运筹帷幄。

二、拿订单

拿订单的时候大家的思维一般是拿价格越高、交货期越长、账期越短的订单。在数量的选择上我们就根据我们企业的状况来定：当销售市场供大于求时，我们就要尽量去拿数额大的那个单，但是我们要注意企业的财务压力，关注企业是否会因为单子数量大而不能提早交单造成现金断流的细节，有时候，在市场宽松的情况下，拿小单的资金回笼反而快。

三、贴现

沙盘模拟经营中，无论我们的财务预测做得多好，还是不能避免贴现，而我们习惯上贴 1、2 季时，到迫不得已的时候才会贴 3、4 季的，可有时候不断贴 1、2 季的反而造成了贴息循环，有时候适当地贴 3、4 季的，回收 1、2 季的应收账款反而使财务费用会更少。把握贴现细节，提高权益，提供更多现金。

四、避税

贴现之后另外要注意的一个细节就是避税，在创业者有些规则上，税收如果是向下取整的，年末可以通过贴现来避税，如A企业税前利润是24时，应交税是6，税后利润是18，若增加一个贴现费用，企业税前利润是23时，应交税是5，税后利润还是18，这就达到了避税的效果。

五、操作

在操作过程中，细节问题越发突出，首先不管结果如何，操作过程一定要平静，操作时要一步步来，不能顾此失彼，尤其是在应收账款更新之前的操作一定不能心急，心急的结果会导致，原材料忘了订，生产线忘了建，忘了转产，忘了生产等，而点了“应收账款更新”之后，要注意交单顺序、产品研发及市场开拓等情况。

六、其他注意事项

生产线不宜闲置；国际市场要谨慎开发，尤不宜过早开发；ISO1400要谨慎开发，通常用途很小，耗资较大；P4产品要谨慎开发，实力不济的时候，一般不需要开发；第四年后库存量不宜过大，过大的库存会使你面临巨大的现金压力。

第四篇　实战篇

情景导入

你叱咤风云的时刻终于来了，准备好了吗？运筹帷幄之中，决胜千里之外。但是，一定要励精图治啊，一不小心，你就会成为公司的千古罪人哦，当然啦，一不小心，更有可能你就腰缠千万资产啦。祝你成功！

本篇提要

荷真枪实弹的战斗开始了。本篇为实战之篇，本篇主要叙述下列内容：

第七章　模拟企业经营手工沙盘操作：手工沙盘实战演练；

第八章　模拟企业经营电子沙盘操作：电子沙盘实战演练。

学习目标

知识目标：了解企业经营的理念，强化学生的管理知识；

技能目标：通过实战演练，训练学生的管理技能、学会模拟经营、全面提高学生的综合素质。

教学建议

35 课时：第七章 15 课时，第八章 20 课时；以学生实战为主。

第七章

模拟企业经营手工沙盘操作

在模拟企业经营过程中，在初始状态设置完全一样的各组企业，经过几年的经营，就会出现一定的差异，有的甚至已经倒闭，为什么会产生不同的结果呢？这是学生们在模拟经营过程中、甚至经营完毕后一直考虑的一个问题。本章将从三个方面对企业的经营管理进行分析。

第一节 精细的成长之战

一、新年度全面规划会议

常言道："预则立，不预则废。"在开始新的一年经营之前，CEO 应当召集各位业务主管召开新年度规划会议，根据各位主管掌握的信息和企业的实际情况，初步提出企业在新一年的各项投资规划，包括市场和认证开发、产品研发、设备投资、生产经营等规划。同时，为了能准确地在一年一度的产品订货会上争取销售订单，还应当根据规划精确地计算出企业在该年的产品完工数量，确定企业可接订单的数量。

（一）新年度全面规划

新年度规划涉及企业在新的一年如何开展各项工作的问题。通过制订新年度规划，可以使各位业务主管做到在经营过程中胸有成竹，知道自己在什么时候该干什么，可以有效预防经营过程中决策的随意性和盲目性，减少经营失误；同时，在制订新年度规划时，各业务主管已经就各项投资决策达成了的共识，可以使各项经营活动有条不紊地进行，可以有效提高团队的合作精神，鼓舞士气，提高团队的战斗力和向心力，使团队成员之间更加团结、协调、和谐。

新年度全面规划内容涉及企业的发展战略规划、投资规划、生产规划和资金筹集规划等。要做出科学合理的规划，企业应当结合目前和未来的市场需求、竞争对手可能的策略以及本企业的实际情况进行。在进行规划时，企业首先应当对市场进行准确的预测，包括预测各个市场产品的需求状况和价格水平，预测竞争对手可能的目标市场和产能情况，预测各个竞争对手在新的一年的资金状况（资金的丰裕和不足将极大地影响企业的投资和生产），在此基础上，各业务主管提出新年度规划的初步设想，大家就此进行论证，最后，在权衡各方利弊得失后，做出企业新年度的初步规划。企业在进行新年度规划时，可以从以下方面展开：

1. 市场开拓规划

企业只有开拓了市场才能在该市场销售产品。企业拥有的市场决定了企业产品的销售渠道。开拓市场投入资金会导致企业当期现金的流出，增加企业当期的开拓费用，减少当期的利润。所以，企业在制订市场开拓规划时，应当考虑当期的资金情况和所有者权益情况。只有在资金有保证、减少的利润不会对企业造成严重后果（比如，由于开拓市场增加费用而减少的利润使企业所有者权益为负数）时才能进行。在进行市场开拓规划时，企业主要应当明确几个问题：

企业的销售策略是什么？企业可能会考虑哪个市场产品价格高就进入哪个市场，也可能是哪个市场需求大就进入哪个市场，也可能两个因素都会考虑。企业应当根据销售策略明确需要开拓什么市场、开拓几个市场。

企业的目标市场是什么？企业应当根据销售策略和各个市场产品的需求状况、价格水平、竞争对手的情况等明确企业的目标市场。

什么时候开拓目标市场？在明确了企业的目标市场后，还涉及什么时候进入目标市场的问题，企业应当结合资金状况和产品生产情况明确企业目标市场的开拓时间。

2. ISO 认证开发规划

企业只有取得 ISO 认证资格，才能在竞单时取得标有 ISO 条件的订单。不同的市场、不同的产品、不同的时期对 ISO 认证的要求是不同的，不是所有的市场在任何时候对任何产品都有 ISO 认证要求。所以，企业应当对是否进行 ISO 认证开发进行决策。同样，要进行 ISO 认证，需要投入资金。如果企业决定进行 ISO 认证开发，也应当考虑对资金和所有者权益的影响。由于 ISO 认证开发是分期投入的，为此，在进行开发规划时，应当考虑以下几个问题：

开发何种认证？ISO 认证包括 ISO 9000 认证和 ISO 14000 认证。企业可以只开发其中的一种或者两者都开发。到底开发哪种，取决于企业的目标市场对 ISO 认证的要求，取决于企业的资金状况。

什么时候开发？认证开发可以配合市场对认证要求的时间来进行。企业可以从有关市场预测的资料中了解市场对认证的要求情况。一般而言，时间越靠后，市场对认证的要求会越高。企业如果决定进行认证开发，在资金和所有者权益许可的情况下，可以适当提前开发。

3. 产品研发投资规划

企业在经营前期，产品品种单一，销售收入增长缓慢。企业如果要增加收入，就必须多销售产品。而要多销售产品，除了销售市场要足够多之外，还必须要有多样化的产品，因为每个市场对单一产品的需求总是有限的。为此，企业需要做出是否进行新产品研发的决策。企业如果要进行新产品的研发，就需要投入资金，同样会影响当期现金流量和所有者权益。所以，企业在进行产品研发投资规划时，应当注意以下几个问题：

企业的产品策略是什么？由于企业可以研发的产品品种多样，企业需要做出研发哪几种产品的决策。由于资金、产能的原因，企业一般不同时研发所有的产品，而是根据市场的需求和竞争对手的情况，选择其中的一种或两种进行研发。

企业从什么时候开始研发哪些产品？企业决定要研发产品的品种后，需要考虑的就是什么时候开始研发以及研发什么产品的问题。不同的产品可以同时研发，也可以分别研发。企业可以根据市场、资金、产能、竞争对手的情况等方面来确定。

4. 设备投资规划

企业生产设备的数量和质量影响产品的生产能力。企业要提高生产能力，就必须对落后的生产设备进行更新，补充现代化的生产设备。要更新设备，需要用现金支付设备款，支付的设备款记入当期的在建工程，设备安装完成后，增加固定资产。所以，设备投资支付的现金不影响当期的所有者权益，但会影响当期的现金流量。正是因为设备投资会影响现金流量，所以，在设备投资时，应当重点考虑资金的问题，防止出现由于资金问题而使投资中断，或者投资完成后由于没有资金不得不出现停工待料等情况。企业在进行设备投资规划时，应当考虑以下几个问题：

新的一年，企业是否要进行设备投资？应当说，每个企业都希望扩大产能、扩充新生产线、改造落后的生产线，但是，要扩充或更新生产线会涉及时机的问题。一般而言，企业如果资金充裕，未来市场容量大，企业就应当考虑进行设备投资，扩大产能。反之，就应当暂缓或不进行设备投资。

扩建或更新什么生产线？由于生产线有手工、半自动、全自动和柔性四种，这就涉及该选择什么生产线的问题。一般情况下，企业应当根据资金状况和生产线是否需要转产等做出决策。

扩建或更新几条生产线？如果企业决定扩建或更新生产线，还涉及具体的改扩建数量问题。扩建或更新生产线的数量，一般根据企业的资金状况、厂房内生产线位置的空置数量、新研发产品的完工时间等来确定。

什么时候扩建或更新生产线？如果不考虑其他因素，应该说生产线可以在流程规定的每个季度进行扩建或更新，但是，在实际运作时，企业不得不考虑当时的资金状况、生产线完工后上线的产品品种、新产品研发完工的时间等因素。一般而言，如果企业有新产品研发，生产线建成的时间最好与其一致（柔性和手工线除外），这样可以减少转产和空置的时间。从折旧的角度看，生产线的完工时间最好在某年的第一季度，这样可以相对减少折旧费用。

（二）确定可接订单的数量

在新年度规划会议以后，企业要参加一年一度的产品订货会。企业只有参加产品订货会，才能争取到当年的产品销售订单。在产品订货会上，企业要准确拿单，就必须准确计算出当年的产品完工数量，据此确定企业当年甚至每一个季度的可接订单数量。企业某年某产品可接订单数量的计算公式为：

某年某产品可接订单数量 = 年初该产品的库存量 + 本年该产品的完工数量

式中，年初产品的库存量可以从沙盘盘面的仓库中找到，也可以从营销总监的营运记录单中找到（实际工作中从有关账簿中找到）。这里，最关键的是确定本年产品的完工数量。

完工产品数量是生产部门通过排产来确定的。在沙盘企业中，生产总监根据企业现有生产线的生产能力，结合企业当期的资金状况确定产品上线时间，再根据产品的生产周期推算产品的下线时间，从而确定出每个季度、每条生产线产品的完工情况。为了准确测算产品的完工时间和数量，沙盘企业可以通过编制“产品生产计划”来进行。当然，企业也可以根据产品上线情况同时确定原材料的需求数量，这样，两者结合，既可确定产品的完工时间和完工数量，同时又可以确定每个季度原材料的需求量。我们举例介绍该计划的编制方法。企业某年年初有手工生产线、半自动生产线和全自动生产线各一条（全部空置），预计从第一季度开始在手工生产线上投产 P1 产品，在半自动和全自动生产线上投产 P2 产品（假设产品均已开发完成，可以上线生产；原材料能满足生产需要）。我们可以根据各生产线的生产周期编制产品生产及材料需求计划，企业从第一季度开始连续投产加工产品，第一年第一季度没有完工产品，第二季度完工 1 个 P2 产品，在第三季度完工 2 个 P2 产品，第四季度完工 1 个 Pl 产品和 1 个 P2 产品。同时，我们还可以看出企业在每个季度原材料的需求数量。根据该生产计划提供的信息，营销总监可以据此确定可接订单数量，采购总监可以据此作为企业材料采购的依据。

需要注意的是，在编制“产品生产及材料需求计划”时，企业首先应明确产品在各条生产线上的投产时间，然后根据各生产线的生产周期推算每条生产线投产产品的完工时间，最后，将各条生产线完工产品的数量加总，得出企业在某一时期每种产品的完工数量。同样，依据生产与用料的关系，企业根据产品的投产数量可以推算出各种产品投产时需要投入的原材料数量，然后，将各条生产线上需要的原材料数量加总，可以得到企业在每个季度所需要的原材料数量。采购总监可以根据该信息确定企业需要采购什么、什么时间采购、采购多少等。

二、参加订货会、支付广告费、登记销售订单

销售产品必须要有销售渠道。对于沙盘企业而言，销售产品的唯一途径就是参加产品订货会，争取销售订单。参加产品订货会需要在目标市场投放广告费，只有投放了广告费，企业才有资格在该市场争取订单。

在参加订货会之前，企业需要分市场、分产品在“竞单表”上登记投放的广告费金额。“竞单表”是企业争取订单的唯一依据，也是企业当期支付广告费的依据，企业应当采取科学的态度，认真对待。

一般情况下，营销总监代表企业参加订货会，争取销售订单。但为了从容应对竞单过程中可能出现的各种复杂情况，企业也可由营销总监与CEO或采购总监一起参加订货会。竞单时，应当根据企业的可接订单数量选择订单，尽可能按企业的产能争取订单，使企业生产的产品在当年全部销售。应当注意的是，企业争取的订单一定不能突破企业的最大产能，否则，如果不能按期交单，将给企业带来巨大的损失。

沙盘企业中，广告费一般在参加订货会后一次性支付。所以，企业在投放广告时，应当充分考虑企业的支付能力。也就是说，投放的广告费一般不能突破企业年初未经营前现金库中的现金余额。

为了准确掌握销售情况，科学制订本年度工作计划，企业应将参加订货会争取的销售订单进行登记。拿回订单后，财务总监和营销总监分别在任务清单的“订单登记表”中逐一对订单进行登记。为了将已经销售和尚未销售的订单进行区分，营销总监在登记订单时，只登记订单号、销售数量、账期，暂时不登记销售额、成本和毛利，当产品销售时，再进行登记。

三、制订新年度计划

企业参加订货会取得销售订单后，已经明确了当年的销售任务。企业应当根据销售订单对前期制订的新年度规划进行调整，制订新年度工作计划。新年度工作计划是企业在新的一年为了开展各项经营活动而事先进行的工作安排，它是企业执行各项任务的基本依据。新年度工作计划一般包括投资计划、生产计划、销售计划、采购计划、资金筹集计划等。沙盘企业中，当企业取得销售订单后，企业的销售任务基本明确，已经不需要制订销售计划了。这样，企业的新年度计划主要围绕生产计划、采购计划和资金的筹集计划来进行。

为了使新年度计划更具有针对性和科学性，计划一般是围绕预算来制订的。预算可以将企业的经营目标分解为一系列具体的经济指标，使生产经营目标进一步具体化，并落实到企业的各个部门，这样企业的全体员工就有了共同努力的方向。沙盘企业中，通过编制预算，特别是现金预算，可以在企业经营之前预见经营过程中可能出现的现金短缺或盈余，便于企业安排资金的筹集和使用；同时，通过预算，可以对企业的规划及时进行调整，防止出现由于资金断流而破产的情况。

现金预算，首先需要预计现金收入和现金支出。实际工作中，现金收入和支出只能进行合理地预计，很难进行准确的测算。沙盘企业中，现金收入相对比较单一，主要是销售产品收到的现金，可以根据企业的销售订单和预计交单时间准确地估算。现金支出主要包括投资支出、生产支出、采购材料支出、综合费用支出和日常管理费用支出等。这些支出可以进一步分为固定支出和变动支出两部分。固定支出主要是投资支出、综合费用支出、管理费用支出等，企业可以根据规则和企业的规划准确计算。变动支出是随产品生产数量的变化而变化的支出，主要是生产支出和材料采购支出。企业可以根据当年的生产线和销售订单情况安排生产，在此基础上通过编制“产品生产与材料需求计划”，准确地测算出每个季度投产所需要的加工费。同时，根据材料需求计划确定材料采购计划，准确确定企业在每个季度采购材料所需要的采购费用。这样，通过预计现金收入和现金支出，可以比较准确地预计企业现金的短缺或盈余。如果现金短缺，就应当想办法筹集资金，如果不能筹集资金，就必须调整规划或计划，减少现金支出。反之，如果现金有较多盈余，可以调整规划或计划，增加长期资产的投资，增强企业的后续发展实力。

在实际工作中，企业要准确编制预算，首先应预计预算期产品的销售量，在此基础上编制销售预算，预计现金收入。之后，编制生产预算和费用预算，预计预算期的现金支出，最后编制现金预算。沙盘企业中，预算编制的程序与实际工作基本相同，但由于业务简化，可以采用简化的程序，即根据销售订单，先编制产品生产计划，再编制材料采购计划，最后编制现金预算。

（一）生产计划

沙盘企业中，编制生产计划的主要目的是为了确定产品投产的时间和投产的品种（当然也可以预计产品完工的时间），从而预计产品投产需要的加工费和原材料。生产计划主要包括产品生产及材料需求计划、开工计划、原材料需求计划等。

前面我们已经介绍，企业在参加订货会之前，为了准确计算新年产品的完工数量，已经根据自己的生产线情况编制了“产品生产及材料需求计划”。但是，由于取得的销售订单可能与预计有差异，企业有时需要根据取得的销售订单对产品生产计划进行调整，为此，就需要重新编制该计划。然后，企业根据确定的新的“产品生产及材料需求计划”，编制“开工计划”和“材料需求计划”。

“开工计划”是生产总监根据“产品生产及材料需求计划”编制的，它将各条生产线产品投产数量按产品加总，将分散的信息集中在一起，可以直观看出企业在每个季度投产了哪些产品、分别有多少。同时，根据产品的投产数量，能准确确定出每个季度投产产品所需要的加工费。财务总监根据该计划提供的加工费信息，作为编制现金预算的依据之一。下面举例说明根据“产品生产及材料需求计划”编制该企业的“开工计划”。

假如从“产品生产及材料需求计划”可以看出，企业在第一季度投产 1 个 P1，2 个 P2，共计投产 3 个产品。根据规则，每个产品上线需投入加工费 1M，第一季度投产 3 个产品，需要 3M 的加工费。同样，企业根据产品投产数量可以推算出第 2、3、4 季度需要的加工费。

生产产品必须要有原材料，没有原材料，企业就无法进行产品生产。企业要保证材料的供应，就必须事先知道企业在什么时候需要什么材料、需要多少。企业可以根据“产品生产及材料需求计划”编制“材料需求计划”，确定企业在每个季度所需要的材料。“材料需求计划”可以直观反映企业在某一季度所需要的原材料数量，采购总监可以据此订购所需要的原材料，保证原材料的供应。

（二）材料采购计划

企业要保证材料的供应，必须提前订购材料。实际工作中，采购材料可能是现款采购，也可能是赊购。沙盘企业中，一般采用的是现款采购的规则。也就是说，订购的材料到达企业时，必须支付现金。

材料采购计划相当于实际工作中企业编制的“直接材料预算”，它是以生产需求计划为基础编制的。在编制材料采购计划时，主要应当注意三个问题：

第一，订购的数量。订购材料的目的是为了保证生产的需要，如果订购过多，占用了资金，造成资金使用效率的下降；订购过少，不能满足生产的需要。所以，材料的订购数量应当以既能满足生产需要，又不造成资金的积压为原则，尽可能做到材料零库存。为此，应当根据原材料的需要量和原材料的库存数量来确定原材料的订购数量。

第二，订购的时间。一般情况下，企业订购的材料当季度不能入库，要在下一季度或下两季度才能到达企业，为此，企业在订购材料时，应当考虑材料运输途中的时间，即材料提前订货期。

第三，采购材料付款的时间和金额。采购的材料一般在入库时付款，付款的金额就是材料入库应支付的金额，如果订购了材料，就必须按期购买。当期订购的材料不需要支付现金。

企业编制材料采购计划，可以明确企业订购材料的时间，采购总监可以根据该计划订购材料，防止多订、少订、漏订材料，保证生产的需要。同时，财务总监根据该计划可以了解企业采购材料的资金需要情况，及时纳入现金预算，保证资金的供应。

下面举例根据“材料需求计划”，采购总监编制该企业的材料采购计划。

假如从材料需求计划中可以看出，企业在每个季度都需要一定数量的 R1 和 R2 原材料，根据规则，R1 和 R2 材料的提前订货期均为一个季度，也就是说，企业需要提前一个季度订购原材料。比如，企业在本年第一季度需要 3 个 R1 和 2 个 R2，则必须在上年的第四季度订购。当上年第四季度订购的材料在本年第一季度入库时，需要支付材料款 5M。同样，企业可以推算在每个季度需要订购的原材料以及付款的金额。据此，采购总监编制材料采购计划。

（三）现金预算

企业在经营过程中，常常出现现金短缺的“意外”情况，正常经营不得不中断，搞得经营者焦头烂额。其实，仔细分析我们会发现，这种“意外”情况的发生不外乎两方面的原因：第一，企业没有正确编制预算，导致预算与实际严重脱节；第二，企业没有严格按计划进行经营，导致实际严重脱离预算。为了合理安排和筹集资金，企业在经营之前应当根据新年度计划编制现金预算。

现金预算是有关预算的汇总，由现金收入、现金支出、现金多余或不足、资金的筹集和运用四个部分组成。现金收入部分包括期初现金余额和预算期现金收入两部分构成。现金支出部分包括预算的各项现金支出。现金多余或不足是现金收入合计与现金支出合计的差额。差额为正，说明收入大于支出，现金有多余，可用于偿还借款或用于投资；差额为负，说明支出大于收入，现金不足，需要筹集资金或调整规划或计划，减少现金支出。资金的筹集和运用部分是当企业现金不足或富裕时，筹集或使用的资金。

沙盘企业中，企业取得销售订单后，现金收入基本确定。当企业当年的投资和主产计划确定后，企业的现金支出也基本确定，所以，企业应该能够通过编制现金预算准确预计企业经营期的现金多余或不足，可以有效预防“意外”情况的发生。如果企业通过编制现金预算发现资金短缺，而且通过筹资仍不能解决，则应当修订企业当年的投资和经营计划，最终使企业的资金满足需要。

“现金预算表”的格式有多种，可以根据实际需要自己设计。这里，我们介绍其中的一种，这种格式是根据沙盘企业的运营规则设计的。下面我们简要举例介绍“现金预算表”的编制。根据前面的资料，编制该企业该年的现金预算表。假设该企业有关现金预算资料如下：

年初现金：18M；

上年应交税金：0；

支付广告费：8M；

应收款到期：第一季度 15M，第二季度 8M，第三季度 8M，第四季度 18M；

年末偿还长期贷款利息：4M；

年末支付设备维护费：2M。

投资规划：从第一季度开始连续开发 P2 和 P3 产品，开发国内和亚洲市场，同时进行 ISO 9000 和 ISO 14000 认证，从第三季度开始购买安装两条全自动生产线。产品生产及材料采购需要的资金见前面的“开工计划”和“材料采购计划”。我们可以根据该规划，并结合生产和材料采购计划，编制该企业的现金预算表如表 7－1 所示。

表 7－1　　　　现金预算表

项　目	第一季度	第二季度	第三季度	第四季度
期初库存现金	18	13	14	4
支付上年应交税				
市场广告投入	8			
支付短期贷款利息				
支付到期短期贷款本金				
支付到期的应付款				
支付原材料采购现金	5	2	4	3
支付生产线投资			8	8
支付转产费用				
支付产品加工费用	3	1	2	2
收到现金前的所有支出	16	3	14	13
应收款到期收到现金	15	8	8	18
支付产品研发投资	3	3	3	3
支付管理费	1	1	1	1
支付长期贷款利息				4
偿还到期的长期贷款				

续表

项　　目	第一季度	第二季度	第三季度	第四季度
支付设备维护费用				2
支付租金				
支付购买厂房费用				
支付市场开拓费用				2
支付 ISO 认证费				2
其他				
现金收入合计	15	8	8	18
现金支出合计	20	7	18	27
现金多余或不足	13	14		-5
向银行贷款				20
贴现收到现金				
期末现金余额	13	14	4	15

从编制的现金预算表可以看出，企业在第一、二、三季度收到现金前的支付都小于或等于期初的现金，而且期末现金都大于零，说明现金能满足需要。第三季度末，企业现金余额为4，也就是说，第四季度期初库存现金为4，但是，第四季度在收到现金前的现金支出为13，小于可使用的资金，这样，企业必须在第三或第四季度初筹集资金。因为企业可以在每季度初借入短期借款，所以，企业应当在第四季度初贷入20M的短期贷款。

综上，企业为了合理组织和安排生产，在年初首先应当编制“产品生产及材料需求计划”，明确企业在计划期内根据产能所能生产的产品数量，营销总监可以根据年初库存的产品数量和计划年度的完工产品数量确定可接订单数量，并根据确定的可接订单数量参加产品订货会。订货会结束后，企业根据确定的计划年度产品销售数量安排生产。为了保证材料的供应，生产总监根据确定的生产计划编制“材料需求计划”，采购总监根据生产总监编制的“材料需求计划”编制“材料采购计划”。财务总监根据企业规划确定的费用预算、生产预算和材料需求预算编制资金预算，明确企业在计划期内资金的使用和筹集。

（四）支付应付税

依法纳税是每个公民应尽的义务。企业在年初应支付上年应交的税金。企业按照上年资产负债表中“应交税金”项目的数值缴纳税金。缴纳税金时，财务总监从现金库中拿出相应现金放在沙盘“综合费用”的“税金”处，并在运营任务清单对应的方格内记录现金的减少数。

第二节　突破的发展之战

企业制订新年度计划后，企业就可以按照运营规则和工作计划进行经营了。沙盘企业日常运营应当按照一定的流程来进行，这个流程就是任务清单。任务清单反映了企业在运行过程中的先后顺序，必须按照这个顺序进行。

为了对沙盘企业的日常运营有一个详细的了解，这里，我们按照任务清单的顺序，对日常运营过程中的操作要点进行介绍（任务清单见表7－2）。

表7－2　　任务清单表

企业经营流程 请按顺序执行下列各项操作。	每执行完一项操作，CEO请在相应的方格内打“√”。 财务总监（助理）在方格中填写现金收支情况。			
新年度规划会议				
参加订货会/登记销售订单				
制订新年度计划				
支付应付税				
季初现金盘点（请填余额）				
更新短期贷款/还本付息/申请短期贷款（高利贷）				
更新应付款/归还应付款				
原材料入库/更新原料订单				
下原料订单				
更新生产/完工入库				
投资新生产线/变卖生产线/生产线转产				
向其他企业购买原材料/出售原材料				
开始下一批生产				
更新应收款/应收款收现				
出售厂房				
向其他企业购买成品/出售成品				
按订单交货				
产品研发投资				
支付行政管理费				
其他现金收支情况登记				
支付利息/更新长期贷款/申请长期贷款				
支付设备维护费				
支付租金/购买厂房				
计提折旧				
新市场开拓/ISO资格认证投资				
结账				
现金收入合计				
现金支出合计				
期末现金对账（请填余额）				

一、季初盘点

为了保证账实相符，企业应当定期对企业的资产进行盘点。沙盘企业中，企业的资产主要包括现金、应收账款、原材料、在产品、产成品等流动资产，以及在建工程、生产线、厂房等固定资产。盘点的方法主要采用实地盘点法，就是对沙盘盘面的资产逐一清点，确定出实有数，然后将任务清单上记录的余额与其核对，最终确定出余额。

盘点时，CEO 指挥、监督团队成员各司其职，认真进行。如果盘点的余额与账面数一致，各成员就将结果准确无误地填写在任务清单的对应位置。季初余额等于上一季度末余额，由于上一季度末刚盘点完毕，所以可以直接根据上季度的季末余额填入。

操作要点如下：

（1）财务总监：根据上季度末的现金余额填写本季度初的现金余额。第一季度现金账面余额的计算公式：

年初现金余额 = 上年末库存现金 - 支付的本年广告费 - 支付上年应交的税金 + 其他收到的现金

（2）采购总监：根据上季度末库存原材料数填写本季度初库存原材料。

（3）生产总监：根据上季度末库存在产品数量填写本季度初在产品数量。

（4）营销总监：根据上季度末产成品数量填写本季度初产成品数量。

（5）CEO：在监督各成员正确完成以上操作后，在运营任务清单对应的方格内打“√”。

二、更新短期贷款/还本付息/申请短期贷款（高利贷）

企业要发展，资金是保证。在经营过程中，如果缺乏资金，正常的经营可能都无法进行，更谈不上扩大生产和进行无形资产投资了。如果企业的经营活动正常，从长远发展的角度来看，应适度举债，“借鸡生蛋”。

沙盘企业中，企业筹集资金的方式主要是长期贷款和短期贷款。长期贷款主要是用于长期资产投资，比如购买生产线、产品研发等，短期贷款主要解决流动资金不足的问题，两者应结合起来使用。短期贷款的借入、利息的支付和本金的归还都是在每个季度初进行的。其余时间要筹集资金，只能采取其他的方式，不能贷入短期贷款。

操作要点如下：

1. 财务总监

更新短期贷款。将短期借款往现金库方向推进一格，表示短期贷款离还款时间更接近。如果短期借款已经推进现金库，则表示该贷款到期，应还本付息。

还本付息。财务总监从现金库中拿出利息放在沙盘“综合费用”的“利息”处；拿出相当于应归还借款本金的现金到交易处偿还短期借款。

申请短期贷款。如果企业需要借入短期借款，则财务总监填写“公司贷款申请表”到交易处借款。短期借款借入后，放置一个空桶在短期借款的第四账期处，在空桶内放置一张借入该短期借款信息的纸条，并将现金放在现金库中。

记录。在“公司贷款登记表”上登记归还的本金金额；在任务清单对应的方格内记录偿还的本金、支付利息的现金减少数；登记借入短期借款增加的现金数。

2. CEO

在监督财务总监正确完成以上操作后，在运营任务清单对应的方格内打“√”。

三、更新应付款/归还应付款

企业如果采用赊购方式购买原材料，就涉及应付账款。如果应付账款到期，必须支付货款。企业应在每个季度对应付款进行更新。

操作要点如下：

1. 财务总监

更新应付款。将应付款向现金库方向推进一格，当应付款到达现金库时，表示应付款到期，必须用现金偿还，不能延期。

归还应付款。从现金库中取出现金付清应付款。

记录：在任务清单对应的方格内登记现金的减少数。

2. CEO

在监督财务总监正确完成以上操作后，在任务清单对应的方格内打“√”。本次实训的规则中不涉及应付款，不进行操作。直接在任务清单对应的方格内打“×”。

四、原材料入库/更新原料订单

企业只有在前期订购了原材料，在交易处登记了原材料采购数量的，才能购买原材料。每个季度，企业应将沙盘中的“原材料订单”向原材料仓库推进一格，表示更新原料订单。如果原材料订单本期已经推到原材料库，表示原材料已经到达企业，企业应验收入库材料，并支付相应的材料款。

操作要点如下：

1. 采购总监

购买原材料。持现金和“采购登记表”在交易处买回原材料后，放在沙盘对应的原材料库中。

记录。在“采购登记表”中登记购买的原材料数量，同时在任务清单对应的方格内登记入库的原材料数量。

如果企业订购的原材料尚未到期，则采购总监在任务清单对应的方格内打“√”，

2. 财务总监

付材料款。从现金库中拿出购买原材料需要的现金交给采购总监。

记录。在运营任务清单对应的方格内填上现金的减少数。

3. CEO

在监督财务总监和采购总监正确完成以上操作后，在任务清单对应的方格内打“√”。

五、下原料订单

企业购买原材料必须提前在交易处下原料订单，没有下订单不能购买。下原料订单不需要支付现金。

操作要点如下：

1. 采购总监

下原料订单。在“采购登记表”上登记订购的原材料品种和数量，在交易处办理订货手续；将从交易处取得的原材料采购订单放在沙盘的“原材料订单”处。

记录。在任务清单对应的方格内记录订购的原材料数量。

2. CEO

在监督采购总监正确完成以上操作后，在任务清单对应的方格内打“√”。

六、更新生产/完工入库

一般情况下，产品加工时间越长，完工程度越高。企业应在每个季度更新生产。当产品完工后，应及时下线入库。

操作要点如下：

1. 生产总监

更新生产。将生产线上的在制品向前推一格。如果产品已经推到生产线以外，表示产品完工下线，将该产品放在产成品库对应的位置。

记录。在任务清单对应的方格内记录完工产品的数量。如果产品没有完工，则在运营任务清单对应的方格内打“√”。

2. CEO

在监督生产总监正确完成以上操作后，在任务清单对应的方格内打“√”。

七、投资新生产线/变卖生产线/生产线转产

企业要提高产能，必须对生产线进行改造，包括新购、变卖和转产等。新购的生产线安置在厂房空置的生产线位置；如果没有空置的位置，必须先变卖生产线。变卖生产线的目的主要是出于战略的考虑，比如将手工线换成全自动生产线等。如果生产线要转产，应当考虑转产周期和转产费。

操作要点如下：

1. 投资新生产线

（1）生产总监：

领取标识。在交易处申请新生产线标识，将标识翻转放置在某厂房空置的生产线位置，并在标识上面放置与该生产线安装周期期数相同的空桶，代表安装周期。

支付安装费。每个季度向财务总监申请建设资金，放置在其中的一个空桶内。每个空桶内都放置了建设资金，表明费用全部支付完毕，生产线在下一季度建设完成。在全部投资完成后的下一季度，将生产线标识翻转过来，领取产品标识，可以投入使用。

（2）财务总监：

支付生产线建设费。从现金库取出现金交给生产总监用于生产线的投资。

记录。在运营任务清单对应的方格内填上现金的减少数。

2. 变卖生产线

（1）生产总监：

变卖。生产线只能按残值变卖。变卖时，将生产线及其产品生产标识交还给交易处，并将生产线的净值从“价值”处取出，将等同于变卖的生产线的残值部分交给财务总监，相当于变卖收到的现金。

净值与残值差额的处理。如果生产线净值大于残值，则将净值大于残值的差额部分放在“综合费用”的“其他”处，表示出售生产线的净损失。

（2）财务总监：

收现金。将变卖生产线收到的现金放在现金库。

记录。在运营任务清单对应的方格内记录现金的增加数。

3. 生产线转产

（1）生产总监：

更换标识。持原产品标识在交易处更换新的产品生产标识，并将新的产品生产标识反扣在生产线的“产品标识”处，待该生产线转产期满可以生产产品时，再将该产品标识正面放置在“标识”处。

支付转产费。如果转产需要支付转产费，还应向财务总监申请转产费，将转产费放在“综合费用”的“转产费”处。

记录。正确完成以上全部操作后，在运营任务清单对应的方格内打“√”；如果不做上面的操作，则在运营任务清单对应的方格内打“×”。

（2）财务总监：

支付转产费。如果转产需要转产费，将现金交给生产总监。

记录。在运营任务清单对应的方格内登记支付转产费而导致的现金减少数。

（3）CEO：在监督生产总监正确完成以上操作后，在运营任务清单对应的方内打“√”。如果不做上面的操作，则在运营任务清单对应的方格内打“×”。

八、向其他企业购买原材料/出售原材料

企业如果没有下原料订单，就不能购买材料。如果企业生产急需材料，又不能从交易处购买，就只能从其他企业购买。当然，如果企业有暂时多余的材料，也可以向其他企业出售，收回现金。

1. 向其他企业购买原材料

操作要点如下：

（1）采购总监：

谈判。在进行组间的原材料买卖时，首先双方要谈妥材料的交易价格，并采取一手交钱一手交货的方式进行交易。

购买原材料。本企业从其他企业处购买原材料，首先从财务总监处申请取得购买材料需要的现金，买进材料后，将材料放进原材料库。应当注意的是，材料的成本是企业从其他企业购买材料支付的价款，在计算产品成本时应按该成本作为领用材料的成本。

记录。在任务清单对应的方格内填上购入的原材料数量，并记录材料的实际成本。

（2）财务总监：

付款。将购买材料需要的现金交给采购总监。

记录。将购买原材料支付的现金数记录在任务清单对应的方格内。

2. 向其他企业出售原材料

操作要点如下：

（1）采购总监：

出售原材料。首先从原材料库取出原材料，收到对方支付的现金后将原材料交给购买方，并将现金交给财务总监。

记录。在任务清单对应的方格内填上因出售而减少的原材料数量。

（2）财务总监：

收现金。将出售材料收到的现金放进现金库。

交易收益的处理。如果出售原材料收到的现金超过购进原材料的成本，表示企业取得了交易收益，财务总监应当将该收益记录在利润表的“其他收入/支出”栏（为正数）。

记录。将出售原材料收到的现金数记录在任务清单对应的方格内。

（3）CEO：在监督采购总监和财务总监正确完成以上操作后，在运营任务清单对应的方格内打“√”。如果不做上面的操作，则在运营任务清单对应的方格内打“×”。

九、开始下一批生产

企业如果有闲置的生产线，尽量安排生产。因为闲置的生产线仍然需要支付设备维护费、计提折旧，企业只有生产产品，并将这些产品销售出去，这些固定费用才能得到

弥补。

操作要点如下：

1. 生产总监

领用原材料。从采购总监处申请领取生产产品需要的原材料。

加工费。从财务总监处申请取得生产产品需要的加工费。

上线生产。将生产产品所需要的原材料和加工费放置在空桶中（一个空桶代表一个产品），然后将这些空桶放置在空置的生产线上，表示开始投入产品生产。

记录。在任务清单对应的方格内登记投产产品的数量。

2. 财务总监

支付现金。审核生产总监提出的产品加工费申请后，将现金交给生产总监。

记录。在任务清单对应的方格内登记现金的减少数。

3. 采购总监

发放原材料。根据生产总监的申请，发放生产产品所需要的原材料。

记录。在运营任务清单对应的方格内登记生产领用原材料导致原材料的减少数。

4. CEO

在监督正确完成以上操作后，在任务清单对应的方格内打“√”。

十、更新应收款/应收款收现

沙盘企业中，企业销售产品一般收到的是“欠条”——应收款。每个季度，企业应将应收款向现金库方向推进一格，表示应收款账期的减少。当应收款被推进现金库时，表示应收款到期，企业应持应收款凭条到交易处领取现金。

操作要点如下：

1. 财务总监

更新应收款。将应收款往现金库方向推进一格。当应收款推进现金库时，表示应收款到期。

应收款收现。如果应收款到期，持“应收账款登记表”、任务清单和应收款凭条到交易处领回相应现金。

记录。在运营任务清单对应的方格内登记应收款到期收到的现金数。

2. CEO

在监督正确完成以上操作后，在运营任务清单对应的方格内打“√”。

十一、出售厂房

企业如果需要筹集资金，可以出售厂房。厂房按原值出售。出售厂房当期不能收到现金，只能收到一张4账期的应收款凭条。如果没有厂房，当期必须支付租金。

操作要点如下：

1. 生产总监

出售厂房。企业出售厂房时，将厂房价值拿到交易处，领回40M的应收款凭条，交给财务总监。

记录。在任务清单对应的方格内打“√”。

2. 财务总监

收到应收款凭条。将收到的应收款凭条放置在沙盘应收款的4Q处。

记录。在“应收账款登记表”上登记收到的应收款金额和账期，在任务清单对应的方格内打“√”。

3. CEO

在监督正确完成以上操作后，在任务清单对应的方格内打“√”。

十二、向其他企业购买成品/出售成品

企业参加产品订货会时，如果取得的销售订单超过了企业最大生产能力，当年不能按订单交货，则构成违约，按规则将受到严厉的惩罚。为此，企业可以从其他企业购买产品来交单。当然，如果企业有库存积压的产品，也可以向其他企业出售。

1. 向其他企业购买产品

操作要点如下：

(1) 营销总监：

谈判。在进行组间的产品买卖时，首先双方要谈妥产品的交易价格，并采取一手交钱一手交货的交易方式进行交易。

购买。从财务总监处申请取得购买产品所需要的现金，买进产品后，将产品放置在对应的产品库。注意：购进的产品成本应当是购进时支付的价款，在计算产品销售成本时应当按该成本计算。

记录。在任务清单对应的方格内记录购入的产品数量。

(2) 财务总监：

付款。根据营销总监的申请，审核后，支付购买材料需要的现金。

记录。将购买产品支付的现金数记录在运营任务清单对应的方格内。

2. 向其他企业出售产品

操作要点如下：

(1) 营销总监：

出售：从产品库取出产品，从对方取得现金后将产品交给购买方，并将现金交给财务总监。

记录：由于出售导致产品的减少，所以，营销总监应在运营任务清单对应的方格内填上因出售而减少的产品数量。

（2）财务总监：

收到现金。将出售产品收到的现金放进现金库。

出售收益的处理。如果出售产品多收到了现金，即组间交易出售产品价格高于购进产品的成本，表示企业取得了交易收益，应当在编制利润表时将该收益记录在利润表的“其他收入/支出”栏（为正数）。

记录。将出售产品收到的现金数记录在任务清单对应的方格内。

（3）CEO：

在监督营销总监和财务总监正确完成以上操作后，在运营任务清单对应的方格内打“√”。如果不做上面的操作，则在运营任务清单对应的方格内打“×”。

十三、按订单交货

企业只有将产品销售出去才能实现收入，也才能收回垫支的成本。产品生产出来后，企业应按销售订单交货。

操作要点如下：

1. 营销总监

销售。销售产品前，首先在“订单登记表”中登记销售订单的销售额，计算出销售成本和毛利之后，将销售订单和相应数量的产品拿到交易处销售。销售后，将收到的应收款凭条或现金交给财务总监。

记录。在完成上述操作后，在运营任务清单对应的方格内打“√”。如果不做上面的操作，则在任务清单对应的方格内打“×”。

2. 财务总监

收到销货款。如果销售取得的是应收款凭条，则将凭条放在应收款相应的账期处；如果取得的是现金，则将现金放进现金库。

记录。如果销售产品收到的是应收款凭条，在“应收账款登记表”上登记应收款的金额；如果收到现金，在任务清单对应的方格内登记现金的增加数。

3. CEO

在监督营销总监和财务总监正确完成以上操作后，在运营任务清单对应的方格内打“√”。如果不做上面的操作，则在运营任务清单对应的方格内打“×”。

十四、产品研发投资

企业要研发新产品，必须投入研发费用。每季度的研发费用在季末一次性支付。当新产品研发完成，企业在下一季度可以投入生产。

操作要点如下：

1. 营销总监

研发投资。企业如果需要研发新产品，则从财务总监处申请取得研发所需要的现金，放置在产品研发对应位置的空桶内。如果产品研发投资完成，则从交易处领取相应产品的生产资格证放置在“生产资格”处。企业取得生产资格证后，从下一季度开始，可以生产该产品。

记录。在运营任务清单对应的方格内打“√”。

2. 财务总监

支付研发费。根据营销总监提出的申请，审核后，用现金支付。

记录。如果支付了研发费，则在运营任务清单对应的方格内登记现金的减少数。

3. CEO

在监督完成以上操作后，在运营任务清单对应的方格内打“√”。如果不做上面的操作，则在运营任务清单对应的方格内打“×”。

十五、支付行政管理费

企业在生产经营过程中会发生诸如办公费、人员工资等管理费用。沙盘企业中，行政管理费在每季度末一次性支付1M，无论企业经营情况好坏、业务量多少，都是固定不变的，这是与实际工作的差异之处。

操作要点如下：

1. 财务总监

支付管理费。每季度从现金库中取出1M现金放置在综合费用的“管理费”处。

记录。在任务清单对应的方格内登记现金的减少数。

2. CEO

在监督完成以上操作后，在运营任务清单对应的方格内打“√”。

十六、其他现金收支情况登记

企业在经营过程中可能会发生除上述之外的其他现金收入或支出，企业应将这些现金收入或支出进行记录。

操作要点如下：

1. 财务总监

企业如果有其他现金增加和减少情况，则在运营任务清单对直的方格内登记现金的增加或减少数。

2. CEO

在监督完成以上操作后，在运营任务清单对应的方格内打“√”。如果不做上面的操作，则在任务清单对应的方格内打“×”。

十七、季末盘点

每季度末，企业应对现金、原材料、在产品和产成品进行盘点，并将盘点的数额与账面结存数进行核对，如何账实相符，则将该数额填写在任务清单对应的方格内。如果账实不符，则找出原因后再按照实际数填写。

余额的计算公式为：

现金余额 = 季初余额 + 现金增加额 − 现金减少额

原材料库存余额 = 季初原材料库存数量 + 本期原材料增加数量 − 本期原材料减少数

在产品余额 = 季初在产品数量 + 本期在产品投产数量 − 本期完工产品数量

产成品余额 = 季初产成品数量 + 本期产成品完工数量 − 本期产成品销售数量

第三节　变幻的收官之战

企业日常经营活动结束后，年末进行各种账项的计算和结转，编制各种报表，计算当年的经营成果，反映当前的财务状况，并对当年经营情况进行分析总结。

一、支付利息/更新长期贷款/申请长期贷款

企业为了发展，可能需要借入长期贷款。长期贷款主要是用于长期资产投资，比如购买生产线、产品研发等。沙盘企业中，长期贷款只能在每年年末进行，贷款期限在一年以上，每年年末付息一次，到期还本。本年借入的长期借款下年末支付利息。

操作要点如下：

1. 财务总监

支付利息。根据企业已经借入的长期借款计算本年应支付的利息，之后，从现金库中取出相应的利息放置在综合费用的“利息”处。

更新长期贷款。将长期借款往现金库推进一格，表示偿还期的缩短。如果长期借款已经被推至现金库中，表示长期借款到期，应持相应的现金和“贷款登记表”到交易处归还该借款。

申请长期贷款。持上年报表和“贷款申请表”到交易处，经交易处审核后发放贷款。收到贷款后，将现金放进现金库中；同时，放一个空桶在长期贷款对应的账期处，空桶内写一张注明贷款金额、账期和贷款时间的长期贷款凭条。如果长期贷款续贷，财务总监持上年报表和“贷款申请表”到交易处办理续贷手续。之后，同样放一个空桶在长期贷款对应的账期处，空桶内写一张注明贷款金额、账期和贷款时间的凭条。

记录。在任务清单对应的方格内登记因支付利息、归还本金导致的现金减少数，以及借入长期借款增加的现金数。

2. CEO

在监督财务总监完成以上操作后，在运营任务清单对应的方格内打“√”。如果不做上面的操作，则在运营任务清单对应的方格内打“×”。

二、支付设备维护费

设备使用过程中会发生磨损，要保证设备正常运转，就需要进行维护。设备维护会发生诸如材料费、人工费等维护费用。沙盘企业中，只有生产线需要支付维护费。年末，只要有生产线，无论是否生产，都应支付维护费。尚未安装完工的生产线不支付维护费。设备维护费每年年末用现金一次性集中支付。

操作要点如下：

1. 财务总监

支付维护费。根据期末现有完工的生产线支付设备维护费。支付设备维护费时，从现金库中取出现金放在综合费用的“维护费”处。

记录。在任务清单对应的方格内登记现金的减少数。

2. CEO

在监督财务总监完成以上操作后，在运营任务清单对应的方格内打“√”。

三、支付租金/购买厂房

企业要生产产品，必须要有厂房。厂房可以购买，也可以租用。年末，企业如果在使用没有购买的厂房，则必须支付租金；如果不支付租金，则必须购买。

操作要点如下：

1. 财务总监

支付租金。从现金库中取出现金放在综合费用的“租金”处。

购买厂房。从现金库中取出购买厂房的现金放在厂房的“价值”处。

记录。在任务清单对应的方格内登记支付租金或购买厂房减少的现金数。

2. CEO

在监督财务总监完成以上操作后，在运营任务清单对应的方格内打“√”。如果不做上面的操作，则在运营任务清单对应的方格内打“×”。

四、计提折旧

固定资产在使用过程中会发生损耗，导致价值降低，应对固定资产计提折旧。沙盘企业中，固定资产计提折旧的时间、范围和方法可以与实际工作一致，也可以采用简化的方法。本教材沙盘规则采用了简化的处理方法，与实际工作有一些差异。这些差异主要表现在：折旧在每年年末计提一次，计提折旧的范围仅仅限于生产线，折旧的方法采用直线法取整计算。在会计处理上，折旧费全部作为当期的期间费用，没有计入产品成本。

操作要点如下：

1. 财务总监

计提折旧。根据规则对生产线计提折旧。本教材采用的折旧规则是按生产线净值的1/3向下取整计算。比如，生产线的净值为10，折旧为3；净值8，折旧为2。计提折旧时，根据计算的折旧额从生产线的“价值”：处取出相应的金额放置在综合费用旁的“折旧”处。

记录。在运营任务清单对应的方格内登记折旧的金额。注意，在计算现金支出时，折旧不能计算在内，因为折旧并没有减少现金。

2. CEO

在监督财务总监完成以上操作后，在运营任务清单对应的方格内打“√”。

五、新市场开拓/ISO 资格认证投资

企业要扩大产品的销路必须开发新市场。不同的市场开拓所需要的时间和费用是不相同的。同时，有的市场对产品有 ISO 资格认证要求，企业需要进行：ISO 资格认证投资。沙盘企业中，每年开拓市场和 ISO 资格认证的费用在年末一次性支付，计入当期的综合费用。

操作要点如下：

1. 营销总监

新市场开拓。从财务总监处申请开拓市场所需要的现金，放置在沙盘所开拓市场对应的位置。当市场开拓完成，年末持开拓市场的费用到交易处领取“市场准入”的标识，放置在对应市场的位置上。

ISO 资格认证投资。从财务总监处申请：ISO 资格认证所需要的现金，放置在 ISO 资格认证对应的位置。当认证完成，年末持认证投资的费用到交易处领取“ISO 资格认证”标识，放置在沙盘对应的位置。

记录。进行了市场开拓或 ISO 认证投资后，在运营任务清单对应的方格内打“√”，否则，打“×”。

2. 财务总监

支付费用。根据营销总监的申请，审核后，将市场开拓和 ISO 资格认证所需要的现金支付给营销总监。

记录。在任务清单对应的方格内记录现金的减少数。

3. CEO

在监督营销总监和财务总监完成以上操作后，在运营任务清单对应的方格内打“√”。

六、编制报表

沙盘企业每年的经营结束后，应当编制相关会计报表，及时反映当年的财务和经营情况。在沙盘企业中，主要编制产品核算统计表、综合费用计算表、利润表和资产负债表。

1. 产品核算统计表

产品核算统计表（格式见表7－4）是核算企业在经营期间销售各种产品情况的报表，它可以反映企业在某一经营期间产品销售数量、销售收入、产品销售成本和毛利情况，是编制利润表的依据之一。

产品核算统计表是企业根据企业实际销售情况编制的，其数据来源于“订单登记表”（格式见表7－3），企业在取得销售订单后，营销总监应及时登记订单情况，当产品实现销售后，应及时登记产品销售的销售额、销售成本，并计算该产品的毛利。年末，企业经营结束后，营销总监根据订单登记表，分产品汇总各种产品的销售数量、销售额、销售成本和毛利，并将汇总结果填列在“产品核算统计表”中。

之后，营销总监将“产品核算统计表”交给财务总监，财务总监根据“产品核算统计表”中汇总的数据，登记利润表中的“销售收入”“直接成本”和“毛利”栏（见表7－6）。

表7－3　订单登记表

订单号											合计
市场											
产品											
数量											
账期											
销售额											
成本											
毛利											
未售											

表7－4　产品核算统计表

	P1	P2	P3	P4	合计
数量					
销售额					
成本					
毛利					

2. 综合费用计算表

综合费用计算表（格式见表7－5）是综合反映在经营期间发生的各种除产品生产成本、财务费用外的其他费用。根据沙盘上的“综合费用”处的支出进行填写。

综合费用计算表的填制方法如下：

“管理费”项目根据企业当年支付的行政管理费填列。企业每季度支付1M的行政管理费，全年共支付行政管理费4M。

“广告费”项目根据企业当年年初的“广告登记表”中填列的广告费填列。

“设备保养费”项目根据企业实际支付的生产线保养费填列。根据规则，只要生产线建设完工，不论是否生产，都应当支付保养费。

“租金”项目根据企业支付的厂房租金填列。

“转产费”根据企业生产线转产支付的转产费填列。

“市场准入开拓”根据企业本年开发市场支付的开发费填列。为了明确开拓的市场，需要在“备注”栏本年开拓的市场前划“√”。

“ISO资格认证”项目根据企业本年ISO认证开发支付的开发费填列。为了明确认证的种类，需要在“备注”栏本年认证的名称前划“√”。

“产品研发”项目根据本年企业研发产品支付的研发费填列。为了明确产品研发的品种，应在“备注”栏产品的名称前划“√”。

“其他”项目主要根据企业发生的其他支出填列，比如，出售生产线净值大于残值的部分等。

表7-5　　综合费用明细表　　（单位：M）

项　目	金　额	备　注
管理费		
广告费		
保养费		
租　金		
转产费		
市场准入开拓		□区域　□国内　□亚洲　□国际
ISO资格认证		□ISO9000　□ISO14000
产品研发		P2（　）　P3（　）　P4（　）
其　他		
合　计		

3. 利润表

利润表（格式见表7-6）是反映企业一定期间经营状况的会计报表。利润表把一定期间内的营业收入与其同一期间相关的成本费用相配比，从而计算出企业一定时期的利润。通过编制利润表，可以反映企业生产经营的收益情况、成本耗费情况，表明企业生产经营成果。同时，通过利润表提供的不同时期的比较数字，可以分析企业利润的发展趋势和获利能力。

利润表的编制方法如下：

利润表中“上年数”栏反映各项目的上年的实际发生数，根据上年利润表的“本年数”填列。利润表中“本年数”栏反映各项目本年的实际发生数，根据本年实际发生额的合计填列。

“销售收入”项目，反映企业销售产品取得的收入总额。本项目应根据“产品核算统计表”填列。

“直接成本”项目，反映企业本年已经销售产品的实际成本。本项目应根据“产品核算统计表”填列。

“毛利”项目，反映企业销售产品实现的毛利。本项目是根据销售收入减去直接成本后的余额填列。

“综合费用”项目反映企业本年发生的综合费用，根据“综合费用表”的合计数填列。

“折旧前利润”项目反映企业在计提折旧前的利润，根据毛利减去综合费用后的余额填列。

“折旧”反映企业当年计提的折旧额，根据当期计提的折旧额填列。

“支付利息前的利润”项目反映企业支付利息前实现的利润，根据折旧前利润减去折旧后的余额填列。

“财务收入/支出”项目反映企业本年发生的财务收入或者财务支出，比如借款利息、贴息等。本项目根据沙盘上的“利息”填列。

“其他收入/支出”项目反映企业其他业务形成的收入或者支出，比如出租厂房取得的收入等。

“税前利润”项目反映企业本年实现的利润总额。本项目根据支付利息前的利润加财务收入减去财务支出，再加上其他收入减去其他支出后的余额填列。

“所得税”项目反映企业本年应交纳的所得税费用，本项目根据税前利润除以 3 取整后的数额填列。

“净利润”项目反映企业本年实现的净利润，本项目根据税前利润减去所得税后的余额填列。

表 7－6　　利润表

项　　目	上 年 数	本 年 数
销售收入		
直接成本		
毛利		
综合费用		
折旧前利润		
折旧		
支付利息前利润		
财务收入/支出		
其他收入/支出		
税前利润		
所得税		
净利润		

4. 资产负债表

资产负债表（格式见表7－7）是反映企业某一特定日期财务状况的会计报表。它是根据“资产＝负债＋所有者权益”的会计等式编制的。

从资产负债表的结构可以看出，资产负债表由期初数和期末数两个栏目组成。资产负债表的“期初数”栏各项目数字应根据上年末资产负债表“期末数”栏内所列数字填列。

资产负债表的“期末数”栏各项目主要是根据有关项目期末余额资料编制，其数据的来源主要通过以下几种方式取得：

资产类项目主要根据沙盘盘面的资产状况通过盘点后的实际金额填列。

负债类项目中的“长期负债”和“短期负债”根据沙盘上的长期借款和短期借款数额填列，如果有将于一年内到期的长期负债，应单独反映。

“应交税金”项目根据企业本年“利润表”中的“所得税”项目的金额填列。

“所有者权益类”中的股东权益项目，如果本年股东没有增资的情况下，直接根据上年末“利润表”中的“股东资本”项目填列，如果发生了增资，则为上年末的股东资本加上本年增资的资本。

“利润留存”项目根据上年利润表中的“利润留存”和“年度净利”两个项目的合计数填列。

“年度净利”项目根据“利润表”中的“净利润”项目填列。

表7－7　　资产负债表

资　　产	期初数	期末数	负债和所有者权益	期初数	期末数
流动资产：			负债：		
现金			长期负债		
应收款			短期负债		
在制品			应付账款		
成品			应交税金		
原料			一年内到期的长期负债		
流动资产合计			负债合计		
固定资产：			所有者权益：		
土地和建筑			股东资本		
机器与设备			利润留存		
在建工程			年度净利		
固定资产合计			所有者权益合计		
资产总计			负债和所有者权益总计		

七、结账

一年经营结束，年终要进行一次“盘点”，编制“综合管理费用明细表”“资产负债表”和“利润表”。一经结账后，本年度的经营也就结束了，本年度所有的经营数据不能随意更改。结账后，在运营任务清单对应的方格内打“√”。

八、反思与总结

经营结束后，CEO应召集团队成员对当年的经营情况进行分析，分析决策的成功与失误，分析经营的得与失，分析实际与计划的偏差及其原因等。记住：用心总结，用笔记录。沙盘模拟是训练思维的过程，同时也应该成为锻炼动手能力的过程。

第八章

模拟企业经营电子沙盘操作

创业者企业模拟经营电子沙盘的实训不同于模拟企业经营手工沙盘实训。模拟企业经营手工沙盘模拟运营已经经营至第三年年初的企业，此企业已经具备了一定的生产能力和生产资格，但该企业设备陈旧，产品、市场单一，面临困境。鉴于此，需引进一批优秀的新人对企业进行改革，以带领企业进入全新的发展空间。而创业者企业模拟经营电子沙盘是给我们现金，由自己创建一个企业，从第一年开始经营，经营路线由自己来定，符合大学生创业的发展思路。操作电子沙盘前应对手工沙盘的操作流程有所了解，但其运营规则同手工沙盘有所不同后面部分会详细介绍。

1. 系统登录

（1）打开 IE 浏览器。

（2）在地址栏输入 http：//服务器的 IP，进入系统。

（3）用户名为公司代码 U01、U02、U03 等，首次登录的初始密码为“1”。

2. 首次登录填写信息

首次登录系统时需由选定的操盘手注册模拟企业的相关信息，如图 8－1。

只有第一次登录需要填写：

公司名称（必填）；

所属学校（必填）；

各职位人员姓名（如有多人，可以在一个职位中输入两个以上的人员姓名）（必填）。登记确认后不可更改；务必重设密码。

模拟企业经营操作界面如图 8－2 所示，共分为三个部分：

（1）信息栏（如图 8－2 中上方方框内所示）：通过用户信息部分可以了解到用户所在组别、当前经营时间、用户状态等信息、用户现金、市场开拓、ISO 认证、生产资格等情况，还可以通过信息栏与裁判取得联系。

（2）操作部分（如图 8－2 中中间方框内所示）：包括 1～4 季度操作部分如申请短贷、更新原材料库、下原料订单、购置厂房、新建生产线、在建生产线、生产线转产、变卖生产线、下一批生产、应收款更新、按订单交货、产品研发、厂房处理、市场开拓和 ISO 投资。其中“市场开拓”和“ISO 投资”两部分只有在每年的第四季度才可以操作。年初操作部分为投放广告、参加订货会和申请长贷。此部分只有在每年年初时才可以操作，当点

图 8-1 模拟企业注册界面

击“当季开始”后，在当年便不能再进行操作。

（3）随时可操作部分（如图 8-2 中下方框内所示）：其中包括厂房贴现、紧急采购、出售库存、贴现、间谍、查看广告、订单信息、关于我们、规则说明和市场预测。以上几项除“查看广告”外，在第一年第一季开始以后，都可以随时进行操作；“查看广告”只能在每年年初自己投放完广告后才可以操作，全部用户投放完广告后才会出现其他用户广告投放情况，当订货会结束后便不能再进行操作。企业信息界面见图 8-3。

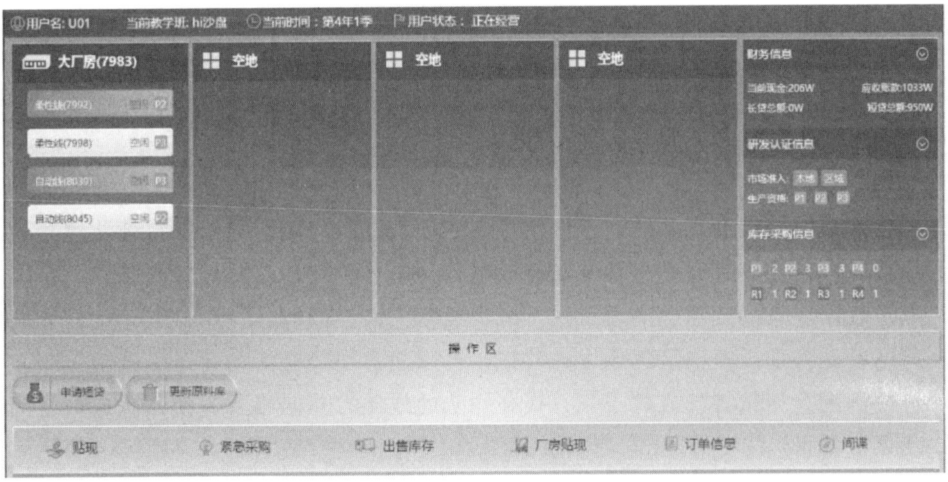

图 8-2 模拟企业经营操作界面

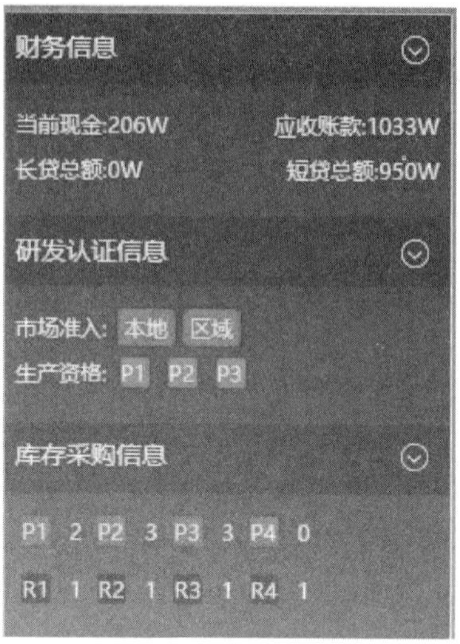

图 8-3　企业信息界面

第一节　精细的成长之路

一年之计在于春。在一年之初，企业应当谋划全年的经营，预测可能出现的问题和情况，分析可能面临的问题和困难，寻找解决问题的途径和办法，使企业未来的经营活动处于掌控之中。为此，企业首先应当召集各位业务主管召开新年度规划会议，初步制订企业本年度的投资规划，接着，营销总监参加一年一度的产品订货会，竞争本年度的销售订单；然后，根据销售订单情况，调整企业本年度的投资规划，制订本年度的工作计划，开始本年度的各项工作。

一、公司创立初年全面规划

新年度规划涉及企业在新的一年如何开展各项工作的问题。通过制订新年度规划，可以使各位业务主管做到在经营过程中胸有成竹，知道自己在什么时候该干什么，可以有效预防经营过程中决策的随意性和盲目性，减少经营失误；同时，在制订新年度规划时，各业务主管已经就各项投资决策达成了的共识，可以使各项经营活动有条不紊地进行，可以有效提高团队的合作精神，鼓舞士气，提高团队的战斗力和向心力，使团队成员之间更加团结、协调、和谐。

新年度全面规划内容涉及企业的发展战略规划、投资规划、生产规划和资金筹集规划等。要做出科学合理的规划，企业应当结合目前和未来的市场需求。

竞争对手可能的策略以及本企业的实际情况进行。在进行规划时，企业首先应当对市场进行准确的预测，包括预测各个市场产品的需求状况和价格水平，预测竞争对手可能的目标市场和产能情况，预测各个竞争对手在新的一年的资金状况（资金的丰裕和不足将极大地影响企业的投资和生产），在此基础上，各业务主管提出新年度规划的初步设想，大家就此进行论证，最后，在权衡各方利弊得失后，做出企业新年度的初步规划。企业在进行新年度规划时，可以从以下方面展开。

（一）市场开拓规划

企业只有开拓了市场才能在该市场销售产品。企业拥有的市场决定了企业产品的销售渠道。开拓市场投入资金会导致企业当期现金的流出，增加企业当期的开拓费用，减少当期的利润。所以，企业在制定市场开拓规划时，应当考虑当期的资金情况和所有者权益情况。只有在资金有保证，减少的利润不会对企业造成严重后果（比如，由于开拓市场增加费用而减少的利润使企业所有者权益为负数）时才能进行。在进行市场开拓规划时，企业主要应当明确几个问题：

- 企业的销售策略是什么？企业可能会考虑哪个市场产品价格高就进入哪个市场，也可能是哪个市场需求大就进入哪个市场，也可能两个因素都会考虑。企业应当根据销售策略明确需要开拓什么市场、开拓几个市场。
- 企业的目标市场是什么？企业应当根据销售策略和各个市场产品的需求状况、价格水平、竞争对手的情况等明确企业的目标市场。
- 什么时候开拓目标市场？在明确了企业的目标市场后，还涉及什么时候进入目标市场的问题，企业应当结合资金状况和产品生产情况明确企业目标市场的开拓时间。

（二）ISO 认证开发规划

企业只有取得 ISO 认证资格，才能在竞单时取得标有 ISO 条件的订单。不同的市场、不同的产品、不同的时期，对 ISO 认证的要求是不同的，不是所有的市场在任何时候对任何产品都有 ISO 认证要求。所以，企业应当对是否进行 ISO 认证开发进行决策。同样，要进行 ISO 认证，需要投入资金。如果企业决定进行 ISO 认证开发，也应当考虑对资金和所有者权益的影响。由于 ISO 认证开发是分期投入的，为此，在进行开发规划时，应当考虑以下几个问题：

- 开发何种认证？ISO 认证包括 ISO 9000 认证和 ISO 14000 认证。企业可以只开发其中的一种或者两者都开发。到底开发哪种，取决于企业的目标市场对 ISO 认证的要求，取决于企业的资金状况。
- 什么时候开发？认证开发可以配合市场对认证要求的时间来进行。企业可以从有关市场预测的资料中了解市场对认证的要求情况。一般而言，时间越靠后，市场对认证的要求会越高。企业如果决定进行认证开发，在资金和所有者权益许可的情况下，可以适当提前开发。

（三）产品研发投资规划

企业在经营前期，产品品种单一，销售收入增长缓慢。企业如果要增加收入，就必须多销售产品。而要多销售产品，除了销售市场要足够多之外，还必须要有多样化的产品，因为每个市场对单一产品的需求总是有限的。为此，企业需要做出是否进行新产品研发的决策。企业如果要进行新产品的研发，就需要投入资金，同样会影响当期现金流量和所有者权益。所以，企业在进行产品研发投资规划时，应当注意以下几个问题：

- 企业的产品策略是什么？由于企业可以研发的产品品种多样，企业需要做出研发哪几种产品的决策。由于资金、产能的原因，企业一般不同时研发所有的产品，而是根据市场的需求和竞争对手的情况，选择其中的一种或两种进行研发。

- 企业从什么时候开始研发哪些产品？企业决定要研发产品的品种后，需要考虑的就是什么时候开始研发以及研发什么产品的问题。不同的产品可以同时研发，也可以分别研发。企业可以根据市场、资金、产能、竞争对手的情况等方面来确定。

（四）设备投资规划

企业生产设备的数量和质量影响产品的生产能力。企业要提高生产能力，就必须对落后的生产设备进行更新，补充现代化的生产设备。

要更新设备，需要用现金支付设备款，支付的设备款记入当期的在建工程，设备安装完成后，增加固定资产。所以，设备投资支付的现金不影响当期的所有者权益，但会影响当期的现金流量。正是因为设备投资会影响现金流量，所以，在设备投资时，应当重点考虑资金的问题，防止出现由于资金问题而使投资中断，或者投资完成后由于没有资金不得不停工待料等情况。企业在进行设备投资规划时，应当考虑以下几个问题：

- 新的一年，企业是否要进行设备投资？应当说，每个企业都希望扩大产能。扩充新生产线、改造落后的生产线，但是，要扩充或更新生产线涉及时机的问题。一般而言，企业如果资金充裕，未来市场容量大，企业就应当考虑进行设备投资，扩大产能。反之，就应当暂缓或不进行设备投资。

- 扩建或更新什么生产线？由于生产线有手工、半自动、全自动和柔性四种，这就涉及该选择什么生产线的问题。一般情况下，企业应当根据资金状况和生产线是否需要转产等做出决策。

- 扩建或更新几条生产线？如果企业决定扩建或更新生产线，还涉及具体的数量问题。扩建或更新生产线的数量，一般根据企业的资金状况、厂房内生产线位置的空置数量、新研发产品的完工时间等来确定。

- 什么时候扩建或更新生产线？如果不考虑其他因素，应该说生产线可以在流程规定的每个季度进行扩建或更新，但是，实际运作时，企业不得不考虑当时的资金状况、生产线完工后上线的产品品种、新产品研发完工的时间等因素。一般而言，如果企业有新产品研发，生产线建成的时间最好与其一致（柔性和手工线除外），这样可以减少转产和空置的时间。从折旧的角度看，生产线的完工时间最好在某年的第一季度，这样可以相对减少折旧费用。

（五）确定可接订单的数量

在新年度规划会议以后，企业要参加一年一度的产品订货会。企业只有参加产品订货会，才能争取到当年的产品销售订单。在产品订货会上，企业要准确拿单，就必须准确计算出当年的产品完工数量，据此确定企业当年甚至每一个季度的可接订单数量。

企业某年某产品可接订单数量的计算公式为：某年某产品可接订单数量 - 年初该产品的库存量 + 本年该产品的完工数量，公式中，年初产品的库存量可以从沙盘盘面的仓库中找到，也可以从营销总监的营运记录单中找到（实际工作中从有关账簿中找到）。这里，最关键的是确定本年产品的完工数量。

完工产品数量是生产部门通过排产来确定的。在沙盘企业中，生产总监根据企业现有生产线的生产能力，结合企业当期的资金状况确定产品上线时间，再根据产品的生产周期推算产品的下线时间，从而确定出每个季度、每条生产线产品的完工情况。为了准确测算产品的完工时间和数量，沙盘企业可以通过编制“产品生产计划表”来进行。当然，企业也可以根据产品上线情况同时确定原材料的需求数量，这样，两者结合，既可确定产品的完工时间和完工数量，同时又可以确定每个季度原材料的需求量。

第二节　突破的发展之战

企业经过年度规划会议后，已经明确企业在新的一年如何开展各项工作下面就是要按照企业制订的规划进行操作，而在电子沙盘的操作过程中很多细节决定着企业的成败，下面一　·进行详解。

一、操作流程及指南

（一）年初

1. 新年度规划会议

每年年初企业中高层应召开新年度规划会议，根据以往每年的数据确定新年度的方案。

2. 参加订货会/登记销售订单

营销总监根据企业的市场地位、产品策略、市场策略、市场需求和竞争态势投放广告（见图 8 - 4）。

电子沙盘广告投放规则与手工沙盘类似，详情参见电子沙盘中企业运营规则的选单规则部分。

在电子沙盘系统中将某市场某产品的选单过程称为回合，每个回合选单可能有若干轮，每轮选单中，各队按照排定的顺序，依次选单，但只能选一张订单。当所有队都选完一次后，若再有订单，开始进行第二轮选单，依此类推，直到所有订单被选完或所有队退出选单为止，本回合结束，如图 8 - 5 所示。

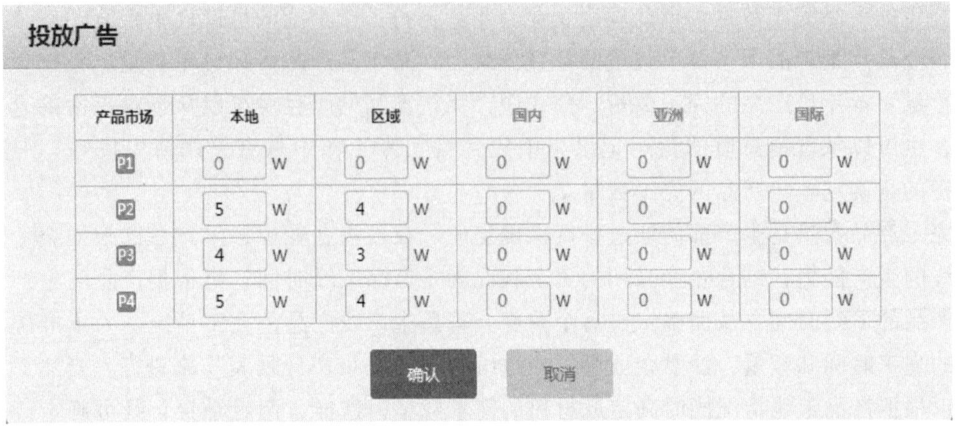

图 8－4 投放广告界面

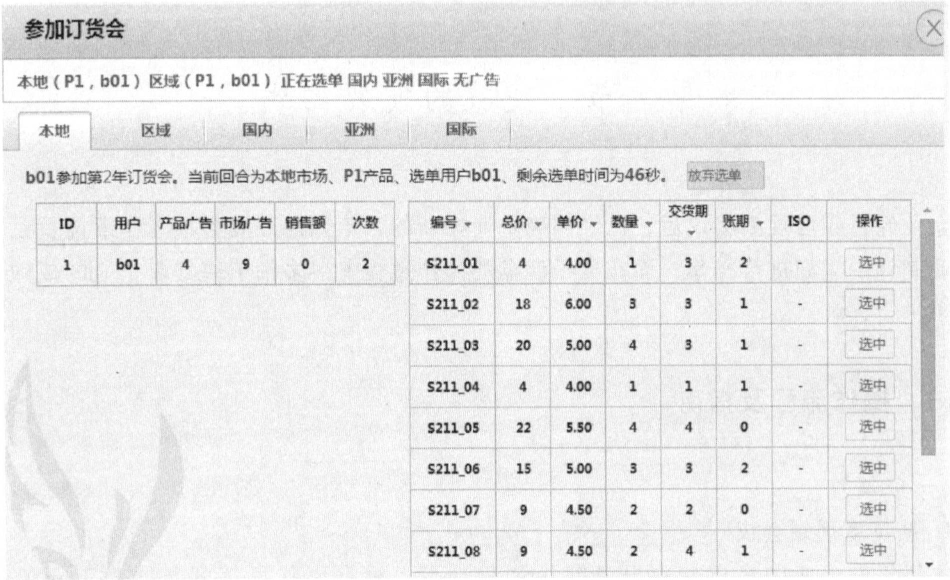

图 8－5 参加订货会选单界面

3. 制订新年度计划

财务总监根据新年度规划会议讨论结果填写对应年度的现金预算表，以确定本年度内现金是否能够维持企业的正常运转。

4. 支付应付税

只计算所得税，交税的标准为，弥补完以前年度的亏损总和后，再按盈余利润25%提取税金，如出现小数，则向下取整。此步骤不需要在电子沙盘中操作，系统会自动在年初扣除相应税金。

5. 支付长贷利息

长贷年利率为10%。此步骤不需要在电子沙盘中操作，系统会在年初自动扣除。

6. 更新长期贷款/长期贷款还款

此步骤不需要在电子沙盘中操作，系统会自动更新长期贷款及应还长贷本金，需要注意的是，系统不允许提前偿还长贷。

7. 申请长期贷款

如图 8 -6 所示，系统提示最大贷款额度，用户可以自行选择贷款年限，最长期限为 5 年，填写贷款金额。具体规则参见电子沙盘中企业运营规则的融资部分。

图 8 -6 申请长期贷款界面

（二）第 1 季度至第 4 季度

当年初操作结束时，应点击系统界面左边“当季开始”按钮，系统会自动完成还本付息、更新短期贷款、更新生产、完工入库、生产线完工和转产完工步骤，如图 8 -7 所示。

图 8 -7 当季开始界面

（1）季初盘点：企业 CEO 在流程表中记录季初原材料、在制品和产品库存情况。

（2）更新短期贷款/短期贷款还本付息：此步骤不需要在电子沙盘中操作，但 CEO 应在流程表中记录相应数据。

（3）申请短期贷款：企业财务总监根据现金预算表所显示数据决定是否申请短期贷款，如果申请，应由 CEO 记录在流程表中。

（4）原材料入库/更新原料订单：点击“更新原料库”按钮，确定后系统自动扣除所需现金。操作完此步骤以后，才可以进行以后步骤的操作，而前面的步骤将不能再次在本季度内进行操作。

（5）下原材料订单：采购总监计算出企业所需采购原材料数量，由操盘手填写到“下原料订单”对话框中，如图 8－8 所示。

图 8－8　下原料订单界面

（6）购买/租用——厂房：①租用或购买厂房可以在任何季度进行。如果决定租用厂房或者厂房买转租，租金在开始租用的季度交付。②厂房租入后，一年后可作租转买、退租等处理，续租系统自动处理。③要建生产线，必须购买或租用厂房，没有租用或购买厂房不能新建生产线。④如果厂房中没有生产线，可以选择退租，系统将删除该厂房。

（7）更新生产/完工入库：系统已自动完成。

（8）新建/在建/转产/变卖——生产线：在“系统”中新建生产线，需先选择厂房，然后再选择生产线的类型，特别地要确定生产产品的类型；生产产品一经确定，本生产线所生产的产品便不能更换，如需更换，须在建成后，进行转产处理；每次操作可建一条生产线，同一季度可重复操作多次，直至生产线位置全部铺满；新建生产线一经确认，即刻进入第一期在建，当季便自动扣除现金。

如有在建生产线，需要每个季度都进行操作，如图 8－9 所示，将在本季度需要投资的生产线前面的“选择项”打上“√”后，点击“确定投资”。在建生产线投资在每个季度只能操作一次。生产线转产及变卖均可多次操作。

图 8－9　在建生产线投资界面

（9）紧急采购原料：付款即到货，原材料价格为直接成本的 2 倍，成品价格为直接成本的 3 倍。紧急采购原材料和产品时，直接扣除现金。上报报表时，成本仍然按照标准成本记录，紧急采购多付出的成本计入费用表损失项。此项可随时进行。

（10）开始下一批生产：在电子沙盘中点击“下一批生产”即可，如果原材料不足，则不能进行生产。

（11）更新应收款/应收款收现：此步骤需要财务总监提供数据，操盘手将在本季度到期的应收款数额填写到相应位置，如果填写的数额比实际的大，则需要重新填写；如果写的数额比实际的小，则损失的应收款可在后期收回，见图 8－10。当企业更新完收款后才可以进行以后的操作，但是应收款前面的操作在本季度将无法再次进行操作。

图 8－10　应收款更新界面

（12）按订单交货：营销总监根据库存及订单情况选择按哪张订单交货，每个季度都可以交货，应收账期从实际交货季开始算起。

（13）产品研发投资：营销总监根据企业发展战略选择不同产品的研发。

（14）厂房——出售（买转租）/退租/租转买：厂房出售得到 4 个账期的应收款，紧急情况下可厂房贴现（4 季贴现），直接得到现金，如厂房中有生产线，同时要扣租金。厂房出售后，运营一年以后方可再次购买。

（15）新市场开拓/ISO 资格投资：营销总监根据企业的发展战略选择不同市场的开拓

及 ISO 资格的投资。此操作只有在每年的第四季度才可以操作。

（16）支付管理费/更新厂房租金：在点击“当季结束”后，系统会自动扣除管理费和厂房租金，如图 8－11 所示。

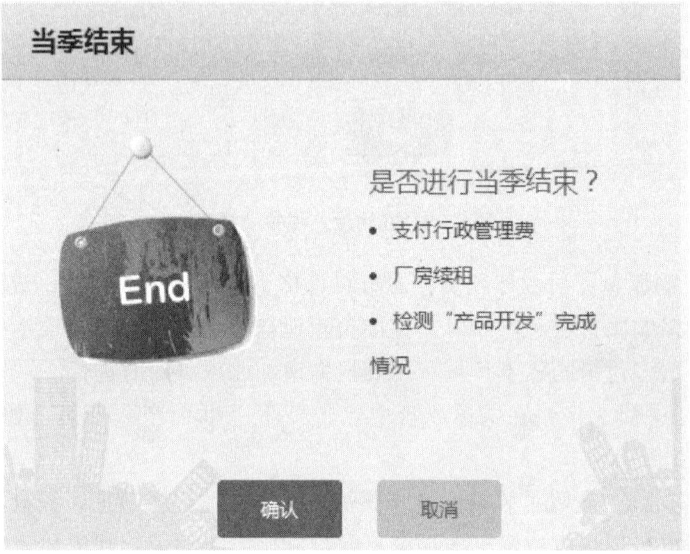

图 8－11　当季结束界面

（17）出售库存：当企业急需现金时，可以出售库存。原材料按 8 折计算，成品按成本计算，如果出现分数，则向下取整。此操作可随时进行。

（18）厂房贴现：直接得到 4 期厂房数额贴现以后的现金。此操作可随时进行。

（19）应收款贴现：变现时贴息，可对同期应收联合贴现，但不能对不同期的应收款联合贴现。1、2 期 10M 应收款交 1M 贴现费，小于 10M 的贴现均收取 1M 贴现费）的比例贴现，3、4 期应收款按 1∶7（8M 应收款交 1M 贴现费小于 8M 的贴现也收取 1M 贴现费）。

第三节　变幻的收官之战

企业日常经营活动结束后，年末进行各种账项的计算和结转，编制各种报表，计算当年的经营成果，反映当前的财务状况，并对当年经营情况进行分析总结。

以下三项在电子沙盘中点击“当年结束”后，系统均自动处理。如图 8－12 所示。

1. 缴纳违约订单罚款

所有订单要求在本年度完成（按订单上的产品数量和交货期交货）。如果订单没有完成，则视为违约订单，按下列条款加以处罚：①按订单销售总额的 20%（销售总额除以 5 后向下取整）计算违约金，并在当季扣除，违约金记入“损失”。②交货可以提前，但不可以推后，违约收回订单并扣违约金，应收账期从实际交货季开始算起。

2. 支付设备维护费

①必须缴纳维护费的情况：生产线安装完成，不论是否开工生产，都必须在当年缴纳维护费；正在进行转产的生产线也必须缴纳维护费。②免缴维护费的情况：凡已出售的生产线和新购正在安装的生产线不缴纳维护费。

3. 计提折旧

当年建成生产线不计提折旧，当净值等于残值时生产线不再计提折旧，但可以继续使用。详情参见本节中电子沙盘中企业运营规则的折旧部分。

图 8－12　当年结束界面

附　　录

附录一　实用表格

用户__________　　　　　　　　　　　　　　　　　　　　　　　　　　　　第__1__年经营

操作顺序	每执行完一项操作，CEO 请在相应的方格内打“√”。					
	手工操作流程	系统操作	手工记录			
年初	新年度规划会议					
	广告投放	输入广告费确认				
	参加订货会选订单/登记订单	选单				
	支付应付税（33%）	系统自动				
	支付长贷利息	系统自动				
	更新长期贷款/长期贷款还款	系统自动				
	申请长期贷款	输入贷款数额并确认				
1	季初盘点（请填余额）	产品下线，生产线完工（自动）				
2	更新短期贷款/短期贷款还本付息	系统自动				
3	申请短期贷款	输入贷款数额并确认				
4	原材料入库/更新原料订单	需要确认金额				
5	下原料订单	输入并确认				
6	购买/租用——厂房	选择并确认，自动扣现金				
7	更新生产/完工入库	系统自动				
8	新建/在建/转产/变卖——生产线	选择并确认				
9	紧急采购（随时进行）	随时进行输入并确认				
10	开始下一批生产	选择并确认				
11	更新应收款/应收款收现	需要输入到期金额				

续表

12	按订单交货	选择交货订单确认				
13	产品研发投资	选择并确认				
14	厂房——出售（买转租）/退租/租转买	选择确认，自动转应收款				
15	新市场开拓/ISO 资格投资	仅第四季允许操作				
16	支付管理费/更新厂房租金	系统自动				
17	出售库存	输入并确认（随时进行）				
18	厂房贴现	随时进行				
19	应收款贴现	输入并确认（随时进行）				
20	季末收入合计					
21	季末支出合计					
22	季末数额对账[（1）+（20）-（21）]					
年末	缴纳违约订单罚款（25%）	系统自动				
	支付设备维护费	系统自动				
	计提折旧	系统自动				（　）
	新市场/ISO 资格换证	系统自动				
	结账					

用户　　　　　　　　　　　　　　　　　　第 1 年经营

操作顺序	请按顺序执行下列各项操作。各总监在方格中填写原材料采购/在制品/产品出库及入库情况。其中：入库数量为“+”，出库数量为“-”。季末入库合计为“+”数据相加，季末出库合计为“-”数据相加。																
年初	新年度规划会议																
	参加订货会/登记销售订单																
	制订新年度计划																
	支付应付税																
	支付长贷利息																
	更新长期贷款/长期贷款还款																
	申请长期贷款																
	原材料/在制品/产品库存台账	一季度				二季度				三季度				四季度			
1	季初盘点（请填数量）																
2	更新短期贷款/短期贷款还本付息																
3	申请短期贷款																
4	原材料入库/更新原料订单																

续表

5	下原料订单																
6	购买/租用——厂房																
7	更新生产/完工入库																
8	新建/在建/转产/变卖——生产线																
9	紧急采购原料（随时进行）																
10	开始下一批生产																
11	更新应收款/应收款收现																
12	按订单交货																
13	产品研发投资																
14	厂房——出售（买转租）/退租/租转买																
15	新市场开拓/ISO 资格投资																
16	支付管理费/更新厂房租金																
17	出售库存																
18	厂房贴现																
19	应收款贴现																
20	季末出库合计																
21	季末支出合计																
22	季末数额对账［1 项 +20 项 +21 项］																
年末	缴纳违约订单罚款																
	支付设备维护费																
	计提折旧																
	新市场/ISO 资格换证																
	结账																

第 1 年

综合费用表

项　目	金额
管理费	
广告费	
设备维护费	
损失	
转产费	
厂房租金	
新市场开拓	
ISO 资格认证	
产品研发	
信息费	
合　计	

用户名：

利润表

项　目	金额
销售收入	
直接成本	
毛利	
综合费用	
折旧前利润	
折旧	
支付利息前利润	
财务费用	
税前利润	
所得税	
年度净利润	

资产负债表

项目	金额	项目	金额
现金		长期负债	
应收款		短期负债	
在制品		应文所得税	
产成品		—	—
原材料		—	—
流动资产合计		负债合计	
厂房		股东资本	
生产线		利润留存	
在建工程		年度净利	
固定资产合计		所有者权益合计	
资产总计		负债和所有者权益总计	

注：库存折价拍价，生产线变卖，紧急采购，订单违约记入损失；

每年经营结束请将此表交到裁判处核对。

用户__________　　　　　　　　　　　　　　　　　　　　　第__2__年经营

操作顺序	每执行完一项操作，CEO 请在相应的方格内打勾。					
	手工操作流程	系统操作	手工记录			
年初	新年度规划会议					
	广告投放	输入广告费确认				
	参加订货会选订单/登记订单	选单				
	支付应付税（33%）	系统自动				
	支付长贷利息	系统自动				
	更新长期贷款/长期贷款还款	系统自动				
	申请长期贷款	输入贷款数额并确认				
1	季初盘点（请填余额）	产品下线，生产线完工（自动）				
2	更新短期贷款/短期贷款还本付息	系统自动				
3	申请短期贷款	输入贷款数额并确认				
4	原材料入库/更新原料订单	需要确认金额				
5	下原料订单	输入并确认				
6	购买/租用——厂房	选择并确认，自动扣现金				
7	更新生产/完工入库	系统自动				
8	新建/在建/转产/变卖——生产线	选择并确认				
9	紧急采购（随时进行）	随时进行输入并确认				
10	开始下一批生产	选择并确认				
11	更新应收款/应收款收现	需要输入到期金额				
12	按订单交货	选择交货订单确认				
13	产品研发投资	选择并确认				
14	厂房——出售（买转租）/退租/租转买	选择确认，自动转应收款				
15	新市场开拓/ISO 资格投资	仅第四季允许操作				
16	支付管理费/更新厂房租金	系统自动				
17	出售库存	输入并确认（随时进行）				
18	厂房贴现	随时进行				
19	应收款贴现	输入并确认（随时进行）				
20	季末收入合计					
21	季末支出合计					
22	季末数额对账[（1）+（20）-（21）]					
年末	缴纳违约订单罚款（25%）	系统自动				
	支付设备维护费	系统自动				
	计提折旧	系统自动				（ ）
	新市场/ISO 资格换证	系统自动				
	结账					

用户　　　　　　　　　　　　　　　　　　　　　　　　　　　　　　　　第 2 年经营

操作顺序	请按顺序执行下列各项操作。各总监在方格中填写原材料采购/在制品/产品出库及入库情况。其中：入库数量为“+”，出库数量为“-”。季末入库合计为“+”数据相加，季末出库合计为“-”数据相加。				
年初	新年度规划会议				
	参加订货会/登记销售订单				
	制订新年度计划				
	支付应付税				
	支付长贷利息				
	更新长期贷款/长期贷款还款				
	申请长期贷款				
	原材料/在制品/产品库存台账	一季度	二季度	三季度	四季度
1	季初盘点（请填数量）				
2	更新短期贷款/短期贷款还本付息				
3	申请短期贷款				
4	原材料入库/更新原料订单				
5	下原料订单				
6	购买/租用——厂房				
7	更新生产/完工入库				
8	新建/在建/转产/变卖——生产线				
9	紧急采购原料（随时进行）				
10	开始下一批生产				
11	更新应收款/应收款收现				
12	按订单交货				
13	产品研发投资				
14	厂房——出售（买转租）/退租/租转买				
15	新市场开拓/ISO 资格投资				
16	支付管理费/更新厂房租金				
17	出售库存				
18	厂房贴现				
19	应收款贴现				
20	季末出库合计				
21	季末支出合计				
22	季末数额对账［1 项 +20 项 +21 项］				
年末	缴纳违约订单罚款				
	支付设备维护费				
	计提折旧				
	新市场/ISO 资格换证				
	结账				

第 2 年

综合费用表

项　目	金额
管理费	
广告费	
设备维护费	
损失	
转产费	
厂房租金	
新市场开拓	
ISO 资格认证	
产品研发	
信息费	
合　计	

用户名：

利润表

项　目	金额
销售收入	
直接成本	
毛利	
综合费用	
折旧前利润	
折旧	
支付利息前利润	
财务费用	
税前利润	
所得税	
年度净利润	

资产负债表

项目	金额	项目	金额
现金		长期负债	
应收款		短期负债	
在制品		应交所得税	
产成品		—	—
原材料		—	—
流动资产合计		负债合计	
厂房		股东资本	
生产线		利润留存	
在建工程		年度净利	
固定资产合计		所有者权益合计	
资产总计		负债和所有者权益总计	

注：库存折价拍价，生产线变卖，紧急采购，订单违约记入损失；

每年经营结束请将此表交到裁判处核对。

用户＿＿＿＿＿＿　　　　　　　　　　　　　　　　　　　　　　　　第＿3＿年经营

操作顺序	每执行完一项操作，CEO 请在相应的方格内打勾。					
	手工操作流程	系统操作	手工记录			
年初	新年度规划会议					
	广告投放	输入广告费确认				
	参加订货会选订单/登记订单	选单				
	支付应付税（33%）	系统自动				
	支付长贷利息	系统自动				
	更新长期贷款/长期贷款还款	系统自动				
	申请长期贷款	输入贷款数额并确认				
1	季初盘点（请填余额）	产品下线，生产线完工（自动）				
2	更新短期贷款/短期贷款还本付息	系统自动				
3	申请短期贷款	输入贷款数额并确认				
4	原材料入库/更新原料订单	需要确认金额				
5	下原料订单	输入并确认				
6	购买/租用——厂房	选择并确认，自动扣现金				
7	更新生产/完工入库	系统自动				
8	新建/在建/转产/变卖——生产线	选择并确认				
9	紧急采购（随时进行）	随时进行输入并确认				
10	开始下一批生产	选择并确认				
11	更新应收款/应收款收现	需要输入到期金额				
12	按订单交货	选择交货订单确认				
13	产品研发投资	选择并确认				
14	厂房——出售（买转租）/退租/租转买	选择确认，自动转应收款				
15	新市场开拓/ISO 资格投资	仅第四季允许操作				
16	支付管理费/更新厂房租金	系统自动				
17	出售库存	输入并确认（随时进行）				
18	厂房贴现	随时进行				
19	应收款贴现	输入并确认（随时进行）				
20	季末收入合计					
21	季末支出合计					
22	季末数额对账[（1）+（20）-（21）]					
年末	缴纳违约订单罚款（25%）	系统自动				
	支付设备维护费	系统自动				
	计提折旧	系统自动				（　）
	新市场/ISO 资格换证	系统自动				
	结账					

用户　　　　　　　　　　　　　　　　　　　　　　　　第3年经营

操作顺序	请按顺序执行下列各项操作。各总监在方格中填写原材料采购/在制品/产品出库及入库情况。其中：入库数量为“+”，出库数量为“-”。季末入库合计为“+”数据相加，季末出库合计为“-”数据相加。					
年初	新年度规划会议					
	参加订货会/登记销售订单					
	制订新年度计划					
	支付应付税					
	支付长贷利息					
	更新长期贷款/长期贷款还款					
	申请长期贷款					
	原材料/在制品/产品库存台账		一季度	二季度	三季度	四季度
1	季初盘点（请填数量）					
2	更新短期贷款/短期贷款还本付息					
3	申请短期贷款					
4	原材料入库/更新原料订单					
5	下原料订单					
6	购买/租用——厂房					
7	更新生产/完工入库					
8	新建/在建/转产/变卖——生产线					
9	紧急采购原料（随时进行）					
10	开始下一批生产					
11	更新应收款/应收款收现					
12	按订单交货					
13	产品研发投资					
14	厂房——出售（买转租）/退租/租转买					
15	新市场开拓/ISO资格投资					
16	支付管理费/更新厂房租金					
17	出售库存					
18	厂房贴现					
19	应收款贴现					
20	季末出库合计					
21	季末支出合计					
22	季末数额对账［1项+20项+21项］					
年末	缴纳违约订单罚款					
	支付设备维护费					
	计提折旧					
	新市场/ISO资格换证					
	结账					

第 3 年

综合费用表

项　目	金额
管理费	
广告费	
设备维护费	
损失	
转产费	
厂房租金	
新市场开拓	
ISO 资格认证	
产品研发	
信息费	
合　计	

用户名：

利润表

项　目	金额
销售收入	
直接成本	
毛利	
综合费用	
折旧前利润	
折旧	
支付利息前利润	
财务费用	
税前利润	
所得税	
年度净利润	

资产负债表

项目	金额	项目	金额
现金		长期负债	
应收款		短期负债	
在制品		应交所得税	
产成品		—	—
原材料		—	—
流动资产合计		负债合计	
厂房		股东资本	
生产线		利润留存	
在建工程		年度净利	
固定资产合计		所有者权益合计	
资产总计		负债和所有者权益总计	

注：库存折价拍价，生产线变卖，紧急采购，订单违约记入损失；

每年经营结束请将此表交到裁判处核对。

用户________　　　　　　　　　　　　　　　　　　　　　　第__4__年经营

操作顺序	每执行完一项操作，CEO 请在相应的方格内打勾。		
	手工操作流程	系统操作	手工记录
年初	新年度规划会议		
	广告投放	输入广告费确认	
	参加订货会选订单/登记订单	选单	
	支付应付税（33%）	系统自动	
	支付长贷利息	系统自动	
	更新长期贷款/长期贷款还款	系统自动	
	申请长期贷款	输入贷款数额并确认	
1	季初盘点（请填余额）	产品下线，生产线完工（自动）	
2	更新短期贷款/短期贷款还本付息	系统自动	
3	申请短期贷款	输入贷款数额并确认	
4	原材料入库/更新原料订单	需要确认金额	
5	下原料订单	输入并确认	
6	购买/租用——厂房	选择并确认，自动扣现金	
7	更新生产/完工入库	系统自动	
8	新建/在建/转产/变卖——生产线	选择并确认	
9	紧急采购（随时进行）	随时进行输入并确认	
10	开始下一批生产	选择并确认	
11	更新应收款/应收款收现	需要输入到期金额	
12	按订单交货	选择交货订单确认	
13	产品研发投资	选择并确认	
14	厂房——出售（买转租）/退租/租转买	选择确认，自动转应收款	
15	新市场开拓/ISO 资格投资	仅第四季允许操作	
16	支付管理费/更新厂房租金	系统自动	
17	出售库存	输入并确认（随时进行）	
18	厂房贴现	随时进行	
19	应收款贴现	输入并确认（随时进行）	
20	季末收入合计		
21	季末支出合计		
22	季末数额对账[（1）+（20）-（21）]		
年末	缴纳违约订单罚款（25%）	系统自动	
	支付设备维护费	系统自动	
	计提折旧	系统自动	（　）
	新市场/ISO 资格换证	系统自动	
	结账		

用户　　　　　　　　　　　　　　　　　　　　　　　　　　　　　第 4 年经营

操作顺序	请按顺序执行下列各项操作。各总监在方格中填写原材料采购/在制品/产品出库及入库情况。其中：入库数量为“+”，出库数量为“-”。季末入库合计为“+”数据相加，季末出库合计为“-”数据相加。				
年初	新年度规划会议				
	参加订货会/登记销售订单				
	制订新年度计划				
	支付应付税				
	支付长贷利息				
	更新长期贷款/长期贷款还款				
	申请长期贷款				
	原材料/在制品/产品库存台账	一季度	二季度	三季度	四季度
1	季初盘点（请填数量）				
2	更新短期贷款/短期贷款还本付息				
3	申请短期贷款				
4	原材料入库/更新原料订单				
5	下原料订单				
6	购买/租用——厂房				
7	更新生产/完工入库				
8	新建/在建/转产/变卖——生产线				
9	紧急采购原料（随时进行）				
10	开始下一批生产				
11	更新应收款/应收款收现				
12	按订单交货				
13	产品研发投资				
14	厂房——出售（买转租）/退租/租转买				
15	新市场开拓/ISO 资格投资				
16	支付管理费/更新厂房租金				
17	出售库存				
18	厂房贴现				
19	应收款贴现				
20	季末出库合计				
21	季末支出合计				
22	季末数额对账［1 项 +20 项 +21 项］				
年末	缴纳违约订单罚款				
	支付设备维护费				
	计提折旧				
	新市场/ISO 资格换证				
	结账				

第 4 年 **用户名：**

综合费用表

项　目	金额
管理费	
广告费	
设备维护费	
损失	
转产费	
厂房租金	
新市场开拓	
ISO 资格认证	
产品研发	
信息费	
合　计	

利润表

项　目	金额
销售收入	
直接成本	
毛利	
综合费用	
折旧前利润	
折旧	
支付利息前利润	
财务费用	
税前利润	
所得税	
年度净利润	

资产负债表

项目	金额	项目	金额
现金		长期负债	
应收款		短期负债	
在制品		应交所得税	
产成品		—	—
原材料		—	—
流动资产合计		负债合计	
厂房		股东资本	
生产线		利润留存	
在建工程		年度净利	
固定资产合计		所有者权益合计	
资产总计		负债和所有者权益总计	

注：库存折价拍价，生产线变卖，紧急采购，订单违约记入损失；

每年经营结束请将此表交到裁判处核对。

用户__________　　　　　　　　　　　　　　　　　　　　　　第__5__年经营

操作顺序	每执行完一项操作，CEO 请在相应的方格内打勾。					
	手工操作流程	系统操作	手工记录			
年初	新年度规划会议					
	广告投放	输入广告费确认				
	参加订货会选订单/登记订单	选单				
	支付应付税（33%）	系统自动				
	支付长贷利息	系统自动				
	更新长期贷款/长期贷款还款	系统自动				
	申请长期贷款	输入贷款数额并确认				
1	季初盘点（请填余额）	产品下线，生产线完工（自动）				
2	更新短期贷款/短期贷款还本付息	系统自动				
3	申请短期贷款	输入贷款数额并确认				
4	原材料入库/更新原料订单	需要确认金额				
5	下原料订单	输入并确认				
6	购买/租用——厂房	选择并确认，自动扣现金				
7	更新生产/完工入库	系统自动				
8	新建/在建/转产/变卖——生产线	选择并确认				
9	紧急采购（随时进行）	随时进行输入并确认				
10	开始下一批生产	选择并确认				
11	更新应收款/应收款收现	需要输入到期金额				
12	按订单交货	选择交货订单确认				
13	产品研发投资	选择并确认				
14	厂房——出售（买转租）/退租/租转买	选择确认，自动转应收款				
15	新市场开拓/ISO 资格投资	仅第四季允许操作				
16	支付管理费/更新厂房租金	系统自动				
17	出售库存	输入并确认（随时进行）				
18	厂房贴现	随时进行				
19	应收款贴现	输入并确认（随时进行）				
20	季末收入合计					
21	季末支出合计					
22	季末数额对账[（1）+（20）－（21）]					
年末	缴纳违约订单罚款（25%）	系统自动				
	支付设备维护费	系统自动				
	计提折旧	系统自动				（　）
	新市场/ISO 资格换证	系统自动				
	结账					

用户　　　　　　　　　　　　　　　　　　　　　　　　　　　　　　　　　第5年经营

操作顺序	请按顺序执行下列各项操作。各总监在方格中填写原材料采购/在制品/产品出库及入库情况。其中：入库数量为“+”，出库数量为“-”。季末入库合计为“+”数据相加，季末出库合计为“-”数据相加。				
年初	新年度规划会议				
	参加订货会/登记销售订单				
	制订新年度计划				
	支付应付税				
	支付长贷利息				
	更新长期贷款/长期贷款还款				
	申请长期贷款				
	原材料/在制品/产品库存台账	一季度	二季度	三季度	四季度
1	季初盘点（请填数量）				
2	更新短期贷款/短期贷款还本付息				
3	申请短期贷款				
4	原材料入库/更新原料订单				
5	下原料订单				
6	购买/租用——厂房				
7	更新生产/完工入库				
8	新建/在建/转产/变卖——生产线				
9	紧急采购原料（随时进行）				
10	开始下一批生产				
11	更新应收款/应收款收现				
12	按订单交货				
13	产品研发投资				
14	厂房——出售（买转租）/退租/租转买				
15	新市场开拓/ISO资格投资				
16	支付管理费/更新厂房租金				
17	出售库存				
18	厂房贴现				
19	应收款贴现				
20	季末出库合计				
21	季末支出合计				
22	季末数额对账［1项+20项+21项］				
年末	缴纳违约订单罚款				
	支付设备维护费				
	计提折旧				
	新市场/ISO资格换证				
	结账				

第 5 年

综合费用表

项　目	金额
管理费	
广告费	
设备维护费	
损失	
转产费	
厂房租金	
新市场开拓	
ISO 资格认证	
产品研发	
信息费	
合　计	

用户名：

利润表

项　目	金额
销售收入	
直接成本	
毛利	
综合费用	
折旧前利润	
折旧	
支付利息前利润	
财务费用	
税前利润	
所得税	
年度净利润	

资产负债表

项目	金额	项目	金额
现金		长期负债	
应收款		短期负债	
在制品		应交所得税	
产成品		—	—
原材料		—	—
流动资产合计		负债合计	
厂房		股东资本	
生产线		利润留存	
在建工程		年度净利	
固定资产合计		所有者权益合计	
资产总计		负债和所有者权益总计	

注：库存折价拍价，生产线变卖，紧急采购，订单违约记入损失；

每年经营结束请将此表交到裁判处核对。

用户　　　　　　　　　　　　　　　　　　　　　　　　　　　　　　第 6 年经营

操作顺序	每执行完一项操作，CEO 请在相应的方格内打勾。					
	手工操作流程	系统操作	手工记录			
年初	新年度规划会议					
	广告投放	输入广告费确认				
	参加订货会选订单/登记订单	选单				
	支付应付税（33%）	系统自动				
	支付长贷利息	系统自动				
	更新长期贷款/长期贷款还款	系统自动				
	申请长期贷款	输入贷款数额并确认				
1	季初盘点（请填余额）	产品下线，生产线完工（自动）				
2	更新短期贷款/短期贷款还本付息	系统自动				
3	申请短期贷款	输入贷款数额并确认				
4	原材料入库/更新原料订单	需要确认金额				
5	下原料订单	输入并确认				
6	购买/租用——厂房	选择并确认，自动扣现金				
7	更新生产/完工入库	系统自动				
8	新建/在建/转产/变卖——生产线	选择并确认				
9	紧急采购（随时进行）	随时进行输入并确认				
10	开始下一批生产	选择并确认				
11	更新应收款/应收款收现	需要输入到期金额				
12	按订单交货	选择交货订单确认				
13	产品研发投资	选择并确认				
14	厂房——出售（买转租）/退租/租转买	选择确认，自动转应收款				
15	新市场开拓/ISO 资格投资	仅第四季允许操作				
16	支付管理费/更新厂房租金	系统自动				
17	出售库存	输入并确认（随时进行）				
18	厂房贴现	随时进行				
19	应收款贴现	输入并确认（随时进行）				
20	季末收入合计					
21	季末支出合计					
22	季末数额对账[（1）+（20）-（21）]					
年末	缴纳违约订单罚款（25%）	系统自动				
	支付设备维护费	系统自动				
	计提折旧	系统自动				（　　）
	新市场/ISO 资格换证	系统自动				
	结账					

用户　　　　　　　　　　　　　　　　　　　　　　　　　　　　第6年经营

操作顺序	请按顺序执行下列各项操作。各总监在方格中填写原材料采购/在制品/产品出库及入库情况。其中：入库数量为“+”，出库数量为“-”。季末入库合计为“+”数据相加，季末出库合计为“-”数据相加。				
年初	新年度规划会议				
	参加订货会/登记销售订单				
	制订新年度计划				
	支付应付税				
	支付长贷利息				
	更新长期贷款/长期贷款还款				
	申请长期贷款				
	原材料/在制品/产品库存台账	一季度	二季度	三季度	四季度
1	季初盘点（请填数量）				
2	更新短期贷款/短期贷款还本付息				
3	申请短期贷款				
4	原材料入库/更新原料订单				
5	下原料订单				
6	购买/租用——厂房				
7	更新生产/完工入库				
8	新建/在建/转产/变卖——生产线				
9	紧急采购原料（随时进行）				
10	开始下一批生产				
11	更新应收款/应收款收现				
12	按订单交货				
13	产品研发投资				
14	厂房——出售（买转租）/退租/租转买				
15	新市场开拓/ISO资格投资				
16	支付管理费/更新厂房租金				
17	出售库存				
18	厂房贴现				
19	应收款贴现				
20	季末出库合计				
21	季末支出合计				
22	季末数额对账［1项+20项+21项］				
年末	缴纳违约订单罚款				
	支付设备维护费				
	计提折旧				
	新市场/ISO资格换证				
	结账				

第 6 年　　　　用户名：

综合费用表

项　目	金额
管理费	
广告费	
设备维护费	
损失	
转产费	
厂房租金	
新市场开拓	
ISO 资格认证	
产品研发	
信息费	
合　计	

利润表

项　目	金额
销售收入	
直接成本	
毛利	
综合费用	
折旧前利润	
折旧	
支付利息前利润	
财务费用	
税前利润	
所得税	
年度净利润	

资产负债表

项目	金额	项目	金额
现金		长期负债	
应收款		短期负债	
在制品		应交所得税	
产成品		—	—
原材料		—	—
流动资产合计		负债合计	
厂房		股东资本	
生产线		利润留存	
在建工程		年度净利	
固定资产合计		所有者权益合计	
资产总计		负债和所有者权益总计	

注：库存折价拍价，生产线变卖，紧急采购，订单违约记入损失；

每年经营结束请将此表交到裁判处核对。

公司贷款记录

贷款类		1年				2年				3年				4年			
		1	2	3	4	1	2	3	4	1	2	3	4	1	2	3	4
短贷	借																
	应还																
	核销																

长贷	借				
	应还				
	核销				

贷款类		5年				6年				7年				8年			
		1	2	3	4	1	2	3	4	1	2	3	4	1	2	3	4
短贷	借																
	应还																
	核销																

长贷	借				
	应还				
	核销				

附录二 市场预测（以八组为例）

1. 本地市场

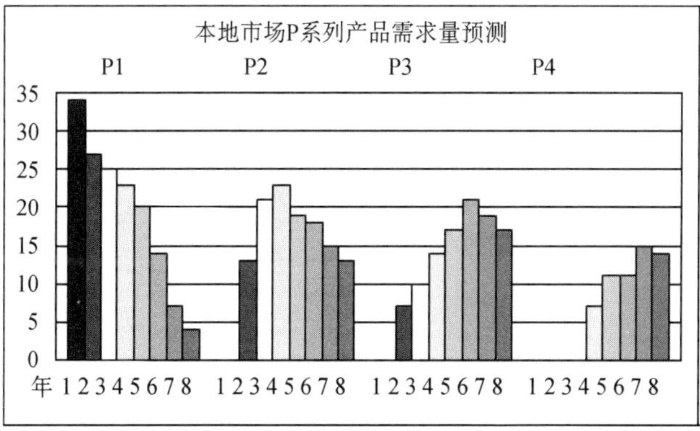

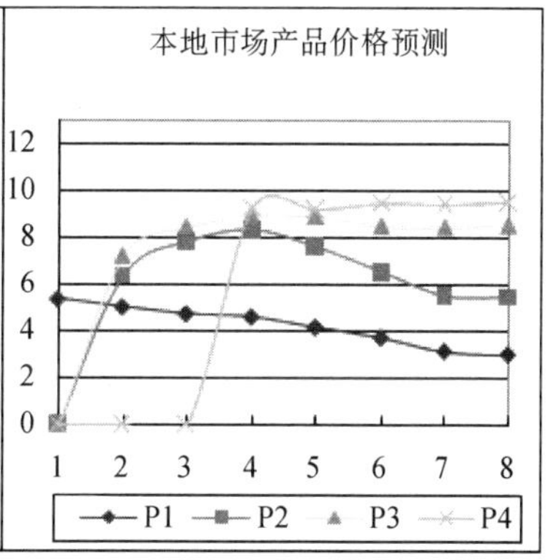

本地市场将会持续发展，对低端产品的需求可能要下滑，伴随着需求的减少，低端产品的价格很有可能走低。后几年，随着高端产品的成熟，市场对P3、P4产品的需求将会逐渐增大。由于客户对质量意识的不断提高，后几年可能对产品的ISO9000和ISO14000认证有更多的需求。

2．区域市场

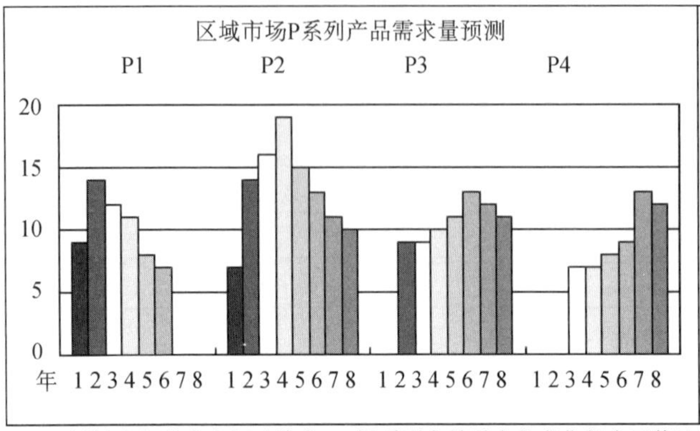

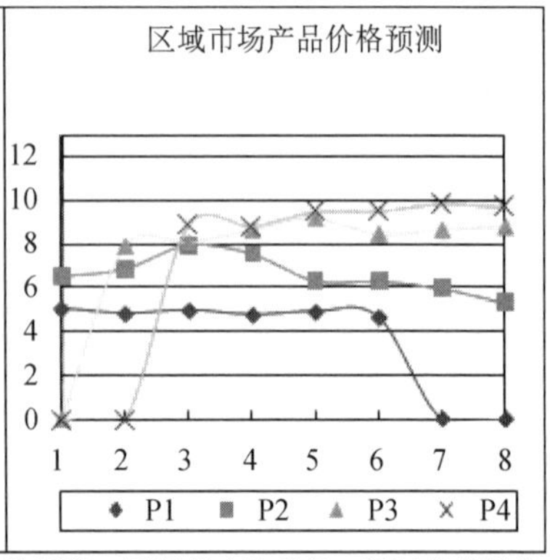

区域市场的客户相对稳定，对P系列产品需求的变化很有可能比较平稳。因紧邻本地市场，所以产品需求量的走势可能与本地市场相似，价格趋势也应大致一样。该市场容量有限，对高端产品的需求也可能相对较小，但客户会对产品的ISO9000和ISO14000认证有较高的要求。

3．国内市场

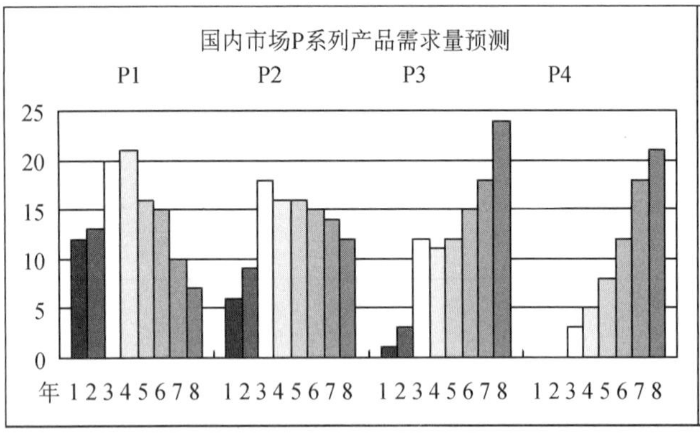

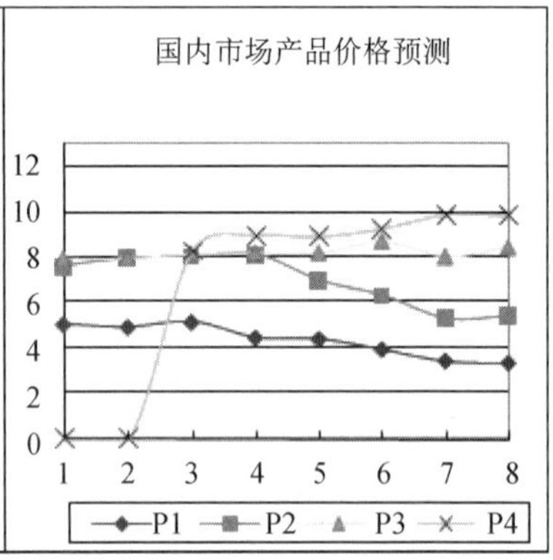

因P1产品带有较浓的地域色彩，估计国内市场对P1产品不会有持久的需求。但P2产品因更适合于国内市场，估计需求一直比较平稳。随着对P系列产品的逐渐认同，估计对P3产品的需求会发展较快。但对P4产品的的需求就不一定像P3产品那样旺盛了。当然，对高价值的产品来说，客户一定会更注重产品的质量认证。

4．亚洲市场

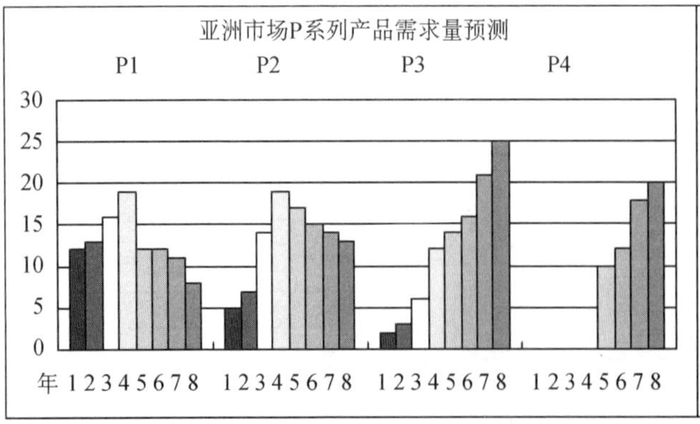

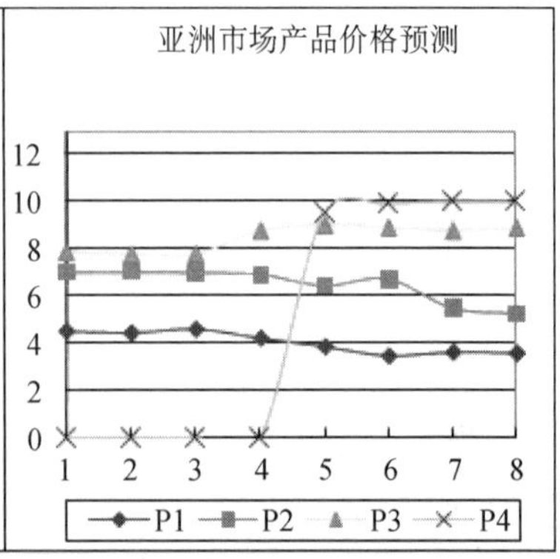

这个市场一向波动较大，所以对P1产品的需求可能起伏较大，估计对P2产品的需求走势与P1相似。但该市场对新产品很敏感，因此估计对P3、P4产品的需求量会发展较快，价格也可能不菲。另外，这个市场的消费者很看中产品的质量，所以没有ISO9000和ISO14000认证的产品可能很难销售。

5. 国际市场

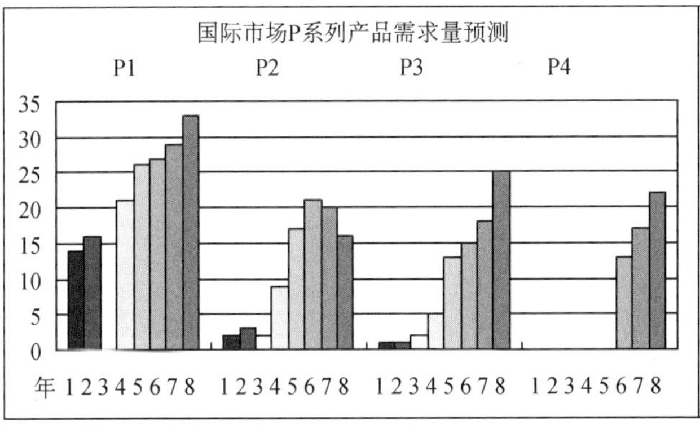

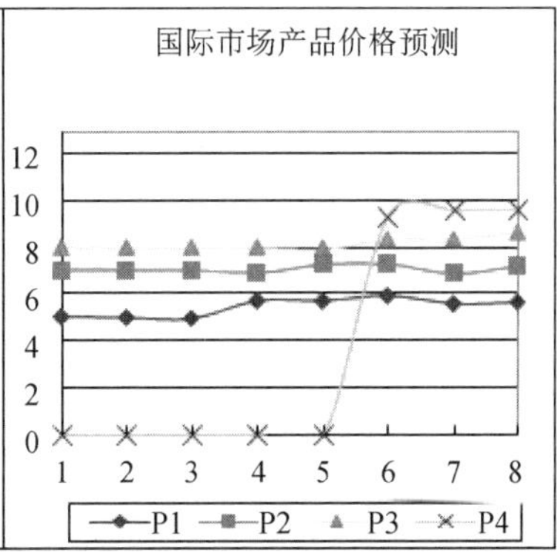

P系列产品进入国际市场可能需要一个较长的时期。有迹象表明，对P1产品已经有所认同，但还需要一段时间才能被市场接受。同样，对P2、P3和P4产品也会很谨慎的接受。需求发展较慢。当然，国际市场的客户也会关注具有ISO认证的产品。

附录三　赛事方案参考

第一部分　竞赛规程

一、竞赛项目名称

企业沙盘模拟经营

二、竞赛目的

为激发广大学生的学习热情，展示学院财经类相关专业教学成果，搭建教学师资交流平台和学生施展才能的舞台，为社会和企业构筑优秀人才的培养通道，同时通过大赛的互动和交流，考察选手的竞争意识、经营能力、团队精神等。共同促进学院实训教学的改革与发展，进一步提升学院的实训教学水平和技能型人才培养的质量。

三、竞赛方式和内容

（一）竞赛方式

1. 比赛以团队方式进行，每支参赛队由 5 名选手组成，其中总经理 1 人，财务总监 1 人，营销总监 1 人，采购总监 1 人，生产总监 1 人，性别和年龄不限。

2. 赛事进行 1 天，在一个共同的市场环境下，模拟企业经营六年，完成企业运营流程。

3. 比赛期间，参赛队员不接受场外指导。

4. 每年经营完毕，由裁判公布所有参赛队的经营业绩。

5. 如果参赛队不超过 12 支，分别按一等奖 10%，二等奖 20%，三等奖 30% 设置奖项。

（二）竞赛内容

1. 企业经营战略

2. 企业资金预算

3. 企业营销策略与实施

4. 企业采购计划与实施

5. 企业生产规划与实施

四、竞赛规则

ERP 沙盘模拟重要经营规则

1. 生产线

生产线	购置费	安装周期	生产周期	总转产费	转产周期	维修费	残值
手工线	5M	无	3Q	0M	无	1M/年	1M
半自动	10M	2Q	2Q	1M	1Q	1M/年	2M
自动线	15M	3Q	1Q	2M	1Q	1M/年	3M
柔性线	20M	4Q	1Q	0M	无	1M/年	4M

不论何时出售生产线，价格为残值，净值与残值之差计入损失；

只有空生产线方可转产；

当年建成生产线需要交维修费。

2. 折旧（平均年限法）

生产线	购置费	残值	建成第 1 年	建成第 2 年	年建成第 3 年	建成第 4 年	建成第 5 年
手工线	5M	1M	0	1M	1M	1M	1M
半自动	10M	2M	0	2M	2M	2M	2M
自动线	15M	3M	0	3M	3M	3M	3M
柔性线	20M	4M	0	4M	4M	4M	4M

3. 融资

<table>
<tr><td>贷款类型</td><td>贷款时间</td><td>贷款额度</td><td>年息</td><td>还款方式</td></tr>
<tr><td>长期贷款</td><td>每年年初</td><td rowspan="2">和为权益三倍</td><td>10%</td><td>年初付息，到期还本，10 倍数</td></tr>
<tr><td>短期贷款</td><td>每季度初</td><td>5%</td><td>到期一次还本付息，20 倍数</td></tr>
<tr><td>资金贴现</td><td>任何时间</td><td>视应收款额</td><td>1/8(3，4)，1/10(1，2)</td><td>变现时贴息</td></tr>
<tr><td>库存拍卖</td><td colspan="4">原材料九折，成品原价</td></tr>
</table>

4. 厂房

<table>
<tr><td>厂房</td><td>买价</td><td>租金</td><td>售价</td><td>容量</td><td rowspan="3">厂房出售得到 4 个账期的应收款，紧急情况下可厂房贴现，直接得到现金。</td></tr>
<tr><td>大</td><td>40M</td><td>5M/年</td><td>40M</td><td>6</td></tr>
<tr><td>小</td><td>30M</td><td>3M/年</td><td>30M</td><td>4</td></tr>
</table>

厂房租入后，一年后可作租转买、退租等处理，续租系统自动处理。

5. 市场准入

<table>
<tr><td>市场</td><td>开发费</td><td>时间</td><td rowspan="6">开发费用按开发时间在年末平均支付，不允许加速投资。
市场开发完成后，领取相应的市场准入证。</td></tr>
<tr><td>本地</td><td>1M/年</td><td>1</td></tr>
<tr><td>区域</td><td>1M/年</td><td>1</td></tr>
<tr><td>国内</td><td>1M/年</td><td>2</td></tr>
<tr><td>亚洲</td><td>1M/年</td><td>3</td></tr>
<tr><td>国际</td><td>1M/年</td><td>4</td></tr>
</table>

6. 资格认证

<table>
<tr><td>认证</td><td>ISO9000</td><td>ISO14000</td><td rowspan="3">平均支付，认证完成后可以领取相应的 ISO 资格证。可中断投资。</td></tr>
<tr><td>时间</td><td>2 年</td><td>2 年</td></tr>
<tr><td>费用</td><td>1M/年</td><td>2M/年</td></tr>
</table>

7. 产品物料清单

名称	开发费用	开发周期	加工费	直接成本	产品组成
P1	1M/季	2 季	1M	2	R1
P2	1M/季	4 季	1M	3	R2 + R3
P3	1M/季	6 季	1M	4	R1 + R3 + R4
P4	2M/季	6 季	1M	5	R2 + R3 + 2R4

8. 原料设置

名称	购买价格	提前期
R1	1M/个	1 季
R2	1M/个	1 季
R3	1M/个	2 季
R4	1M/个	2 季

9. 紧急采购，付款即到货，原材料价格为直接成本的 2 倍；成品价格为直接成本的 4 倍。

10. 选单规则：上年销售额最高（无违约）优先；其次看本市场本产品广告额：再看本市场广告总额；再看市场销售排名；如仍无法决定，系统自动抽签。

11. 破产标准：现金断流或权益为负。

12. 第一年无订单。

13. 交单可提前，不可推后，违约收回订单。

14. 违约金扣除——向下取整；库存拍卖所得现金——向下取整；贴现费用——向上取整；扣税——向上取整。

15. 库存折价拍价，生产线变卖，紧急采购，订单违约记入损失。

重要参数

违约扣款百分比	20 %	最大长贷年限	5 年
库存折价率(产品)	100 %	库存折价率(原料)	80 %
长期贷款利率	10 %	短期贷款利率	5 %
贷款额倍数	3 倍	初始现金(股东资本)	60 M
贴现率(1,2期)	10 %	贴现率(3,4期)	12.5 %
管理费	1 M/季	信息费	0 M/次
紧急采购倍数(原料)	2 倍	紧急采购倍数(产品)	3 倍
所得税率	25 %	最大经营年限	7 年
选单时间	40 秒	选单补时时间	25 秒
间谍有效时间	600 秒	间谍使用间隔	3000 秒
市场老大	不存在		

提请注意：

出现确认框要在倒计时大于 5 秒时按下确认按纽，否则可能造成选单无效；

在某细分市场（如本地、P1）有多次选单机会，只要放弃一次，则视同放弃该细分市场所有选单机会；

本次比赛无市场老大；

破产队可以参加选单，但广告投放不可超过 6W。

14. 订单违约

订单必须在规定季或提前交货，应收账期从交货季开始算起。应收款收回系统自动完成，不需要各队填写收回金额。

15. 特殊费用项目

库存折价拍卖、生产线变卖、紧急采购、订单违约、计入其他损失；增减资计入股东资本或特别贷款（均不算所得税）。

提请注意：

增资只适用于破产队。

每市场每产品选单时第一个队选单时间为 55 秒，自第二个队起，选单时间设为 30 秒；

信息费 1W/次/队，即交 1W 可以查看一队企业信息，交费企业以 EXCEL 表格形式获得被间谍企业详细信息。

五、评分方法及奖项设定

（一）评分方法

只计算团队竞赛成绩，不计参赛选手个人成绩。

（二）排行榜记分标准：

1. 总成绩 = 所有者权益 ×（1 + 企业综合发展潜力/100）- 违纪扣分

2. 企业综合发展潜力

= 市场资格分值 + ISO 资格分值 + 生产资格分值 + 厂房分值 + 各条生产线分值

3. 生产线建成（包括转产）即加分，无须生产出产品，也无须有在制品；

4. 违纪扣分：

（1）运行超时扣分

运行超时有两种情况：一是指不能在规定时间完成广告投放（可提前投广告）；二是指不能在规定时间完成当年经营（以点击系统中“当年结束”按钮并确认为准）。

处罚：按总分 2 分/分钟（不满一分钟算一分钟）计算罚分，每次超时最多不能超过 10 分钟。如果到 10 分钟后还不能完成相应的运行，将取消其参赛资格。

（2）盘面不实扣分

考虑到商业情报的获取，每年运行完成后，必须按照当年末结束状态，将运作结果摆在手工沙盘上，以便现场各队收集情报用。各队可以数币，翻牌查看，遇到提问必须如实回答。如果盘面与报表不符或隐瞒盘面状态，扣 5 分/次。

（三）沙盘比赛得分细则

1. 生成线建设得分

名称	分值
手工线	5
半自动	7
自动线	10
柔性线	10

2. 厂房建设得分

名称	分值
大厂房	10
小厂房	7

3. 市场开拓得分

名称	分值
本地	0
区域	10
国内	10
亚洲	10
国际	10

4. ISO 资格认证得分

名称	分值
ISO9000	10
ISO14000	10

5. 生产资格得分

名称	分值
P1	10
P2	10
P3	10
P4	10

（四）奖项设置

本竞赛项目只设团体奖，其中一等奖 10%，二等奖 20%，三等奖 30%。

第二部分　竞赛须知

一、竞赛选手须知

1. 严格遵守技能竞赛规则、技能竞赛纪律和安全操作规程，尊重裁判和赛场工作人员，自觉维护赛场秩序。

2. 竞赛过程中不准擅自离开赛场。

3. 竞赛完成后必须按裁判要求迅速离开赛场，不得在赛场内滞留。

4. 竞赛结束时间到达，应立即停止编制计划和操作，不得拖延竞赛时间。

5. 爱护竞赛场所的设备、仪器等，不得人为损坏竞赛用仪器设备。

6. 必须在倒计时大于 5 秒时选单，出现确认框要在三秒内按下确认按纽，否则可能造成选单无效。

7. 在某细分市场（如本地、P1）有多次选单机会，只要放弃一次，则视同放弃该细分市场所有选单机会。

二、赛场管理须知

1. 选手凭有效证件，按时参加检录和竞赛，如不能按时参赛以自动弃权处理。

2. 选手开赛后不准入场，开赛后未经允许不得擅自离开赛场。

3. 选手进入赛场后到指定参赛地点准备竞赛。

4. 选手在开赛信号发出后才能进行技能竞赛。

5. 赛场期间，不允许将通讯工具带入赛场，如私自带入者，一经发现取消竞赛资格。

6. 赛场期间，所有参赛队员不得使用手机与外界联系，电脑仅限于作为竞赛系统运行平台，可以自制一些工具，但不得登录 Internet 与外界联系，否则取消参赛资格。

7. 赛场内保持安静，不准吸烟。

8. 竞赛过程中，选手休息、饮水或去洗手间等所用时间，一律计算在操作时间内，饮用水由赛场统一准备。

9. 如果选手提前结束竞赛，应向裁判员示意，竞赛终止时间由裁判员记录在案。

10. 竞赛终了信号发出后，须听从裁判员指挥，将选手证放在指定位置后，待裁判允许后方可离开赛场。

11. 各赛场除现场裁判、赛场配备的工作人员以外，其他人员未经允许不得进入赛场。

三、赛场纪律

1. 选手不得在竞赛现场内外吸烟，不听劝阻者给予通报批评或清退比赛现场，造成严重后果的将依法处理。

2. 未经允许不得使用和移动竞赛场内的任何设施设备，工具使用后放回原处。

3. 选手在竞赛中必须遵守赛场的各项规章制度和操作规程，安全、合理的使用各种设施设备和工具。

4. 在比赛过程中下列情况属违规：

（1）对裁判的判罚不服从，扰乱赛场秩序，干扰其他参赛队比赛；

（2）在比赛期间擅自到其他赛场走动；

（3）其他严重影响比赛正常进行的活动。

四、竞赛日程（可能根据参赛队数量作微调）

项　目	时　间	地　点
检　录	5月26日　7：30—8：00	
选手竞赛	5月26日　8：00—17：00	
成绩公布	比赛结束后30分钟公布	

竞赛事务咨询电话：

竞赛技术咨询电话：

参考文献

[1] 陈冰．ERP沙盘实战（大学文科实践系列教材）[M]．经济科学出版社，2006.6.

[2] 周玉清．ERP理论、方法与实践 [M]．电子工业出版社，2006.1.

[3] 于桂平，陈欣．ERP沙盘模拟对抗实训教程 [M]．北京理工大学出版社，2008.6.

[4] 赵晓铃．透视ERP沙盘模拟对抗课程 [J]．中国管理信息化，2004.10.10.

[5] 韩昉，郑晨升．开展ERP沙盘模拟实训改变传统的教学模式 [J]．财会月刊，2005.8.8.

[6] 刘平．企业经营沙盘模拟实训手册 [M]．清华大学出版社，2010.5.

[7] 王新玲，郑文昭，马雪文．ERP沙盘模拟高级指导教程（第二版）[M]．清华大学出版社，2009.8.

[8] 高市，王晓霜，宣胜瑾．ERP沙盘实战教程 [M]．东北财经大学出版社，2008.3.

[9] 夏远强，叶剑明．企业管理ERP沙盘模拟教程 [M]．电子工业出版社，2007.7.

[10] 范云峰．营销调研策划 [M]．机械工业出版社，2004.1.

[11] 郭凤林，宋常．财务管理 [M]．中山大学出版社，2009.3.